Jan van Bebber • Ragnar Riesenkampff • Thomas Spinnen

GRILL WILD!

60 kreative Rezepte mit Reh, Hirsch, Wildschwein & Wildgeflügel
Für Holzkohle-, Gasgrill & Smoker

CHRISTIAN

INHALT

ÜBER UNS

Wir sind Jan, Ragnar und Thomas. Wir sind die Köpfe hinter »Grillen mit Wild«. Mit diesem Projekt haben wir uns bewusst für die Vermarktung von regionalem Wildbret entschieden. Wir glauben, dass Wildfleisch die nachhaltigere und gesündere Alternative zu Grillfleisch aus der Massentierhaltung ist: Für unsere Produkte werden keine Tiere extra aufgezogen! Wildbret ist ein ganz und gar natürliches Produkt auch aus eurer Region. Jedes Wildtier konnte sich frei in der Natur bewegen und hat bis zum letzten Augenblick unter Bedingungen gelebt, die wir uns für alle Tiere in Deutschland wünschen würden.

Wir wollen euch Wildfleisch, dessen Zubereitung auf dem Grill und die passenden Begleiter näherbringen. In diesem Buch findet ihr Grillrezepte und bekannte BBQ-Klassiker teilweise neu interpretiert und an Wildfleisch adaptiert.

Vielleicht sind ein paar Spezialitäten aus der heimischen Wildwelt dabei, die ihr noch nicht kennt. Wir hoffen, dass ihr durch unser Buch die ein oder andere neue Geschmackswelt entdeckt. Wir wünschen euch dabei viel Spaß!

EINLEITUNG

Wir hätten uns gewünscht, dass wir früher gelernt hätten, Kochbücher richtig zu nutzen. Wir haben sie nie wirklich verwendet. Jedes Mal, wenn wir es versucht haben, fehlte uns mindestens eine Zutat (meistens die verwendeten Kräuter und Gewürze), und wir haben schnell die Lust verloren. Zusätzlich fehlt uns die Disziplin, anhand von Rezepten Einkaufszettel zu schreiben und dann im Supermarkt genau diese Zutaten zu besorgen.

Uns ist wichtig: *Dieses Buch ist keine Grillbibel* – es soll euch inspirieren und die Angst vor der Zubereitung von Wild auf dem Grill nehmen. Wir möchten euch Ideen vermitteln, Fleisch-Cuts zeigen und Tipps geben, wie ihr diese verarbeiten könnt. Variiert die Zutaten gerne nach eurem persönlichen Geschmack. Ihr werdet in diesem Buch auch Maßeinheiten wie »etwas« oder »reichlich« finden – damit müsst und könnt ihr umgehen. Seid einfach mutig, probiert herum und tastet euch langsam an die verschiedenen Gerichte heran. Denkt dabei an die sechs Grundgeschmacksrichtungen süß, sauer, salzig, bitter, scharf (das ist eigentlich kein Geschmack, sondern eine Schmerzempfindung, wissen wir, gehört aber unbedingt in diesen Zusammenhang) und umami. Letzteres hat seinen Ursprung im Japanischen und bedeutet dort etwa »Schmackhaftigkeit«. Wir würden im Deutschen am ehesten den Begriff »herzhaft« verwenden. Um ein Gericht in diesen sechs Kategorien zu erfassen, müsst ihr probieren. Ihr könnt sie nicht oder nur eingeschränkt mit anderen Sinnen wahrnehmen.

Wenn euch ein Gericht zu kräftig wird, ergänzt etwas Säure, zum Beispiel Zitronensaft, um dem entgegenzuwirken. Ist es euch zu salzig geraten, hilft Süße (Zucker oder Honig). Wenn es euch zu fad ist, ergänzt Salz, das als natürlicher Geschmacksverstärker wirkt. Vor allem unsere Burger-Rezepte spielen mit diesen Gegensätzen und lassen sich perfekt an euren individuellen Geschmack anpassen.

Wir möchten euch außerdem ans Herz legen, mit den Jägern und Metzgern in eurem Umfeld zu sprechen – sie können euch wahrscheinlich aus eigener Erfahrung noch viele Varianten der hier gesammelten Rezepte geben. Mit diesem Buch habt ihr eine gute Diskussionsgrundlage.

Wildbret ist ein wunderbares Produkt und eignet sich für viel mehr als Omas Sonntagsbraten. Selten bekommt ihr so hochwertiges, biologisches und (so meinen wir) ethisch vertretbar gewonnenes Fleisch. Wir würden uns freuen, wenn ihr dieses Buch nutzt, um mit diesem wertvollen Lebensmittel zu experimentieren und gegrilltes Wildfleisch in eurem kulinarischen Kosmos zu verankern.

GRILLS UND ZUBEHÖR

DER KUGELGRILL

Dieser Bestseller geht auf eine Idee des US-Amerikaners George Stephen aus den 1940ern zurück. Schon damals bestand sein Design aus dem charakteristischen Kessel und einem Deckel mit Griff und Belüftungsöffnungen.

Viele unserer Rezepte für Wildsteaks, Wildwürstchen oder Burger kannst du auf diesem relativ günstigen und supervielseitigen Grillgerät zubereiten.

Vielleicht reizen dich irgendwann ausgefallenere Zubereitungsmethoden? Vielleicht inspirieren dich YouTube-Videos oder Fachgespräche am Grill dazu, dich einmal mit indirektem Grillen oder sogar mit dem Smoken zu befassen?!

Kein Problem, viele dieser Grillmethoden sind mit deinem Kugelgrill gut machbar. Lass dir nichts Gegenteiliges sagen!

Methode 1: »Single Level Fire« (Holzkohle)

- Vorteile: ideal für gleichmäßige Röstung und eher sanftere Temperaturen für Fisch, Schwein oder Geflügel.
- So geht's: Die gut durchgeglühte Kohle gleichmäßig im Kessel verteilen.
- Temperatur: Bei geschlossenem Deckel und geöffneten Lüftungsöffnungen sowie abhängig von der Menge und Art der Kohle können Temperaturen bis 340 °C gut möglich sein.

Methode 2: »Half Grill Fire« (Holzkohle)

- Vorteile: vielseitig, weil so eine sehr heiße Seite und kühlere Seite des Grills entsteht. Dies ermöglicht ein scharfes Angrillen (von Steaks, Geflügel und Würstchen) über direkter Kohle sowie das anschließende behutsamere »Auf-Kerntemperatur«-Ziehen auf der kühleren Seite des Grills.
- So geht's: Die gut durchgeglühte Kohle nur auf einer Seite im Kessel verteilen. Optional kann man auf die kühlere, Kohle freie Seite eine Aluschale mit heißem Wasser stellen, die heruntertropfende Marinade auffängt und gleichzeitig für eine gewisse Luftfeuchtigkeit sorgt.
- Temperatur: Bei geschlossenem Deckel und geöffneten Lüftungsöffnungen sowie abhängig von der Menge und Art der Kohle können auch hier Temperaturen von bis zu 340 °C möglich sein.

Methode 3: »Concentrated Fire« (Holzkohle)

- Vorteile: Die hohe, konzentrierte Hitze an einem Ort ist ideal für schnelles Grillen von Burgern oder dünnen Steaks.
- So geht's: Eine Aluschale mit einigen Löchern versehen. Die gut durchgeglühte Kohle in die Schale geben und mittig im Kessel positionieren.
- Temperatur: an mittiger, konzentrierter Stelle bis zu 360 °C.

Methode 4: »Snake Fire«/»Lower & Slower« (Smoke-Holz, Holzkohlebriketts)

- Vorteile: Diese Grillmethode erlaubt eine lange, gleichmäßige Grillzeit von mehreren Stunden. Ideal, um sich mal an schwierigere Fleisch-Cuts wie Tri Tip, Keule oder gar Nacken heranzuwagen und erste Erfahrungen mit dem Thema Smoken zu sammeln.
- So geht's: Legt entlang des Randes eures Kessels zwei nebeneinander und eng anliegende Brikett-Reihen aus. Lasst eine Handbreit des Randes frei. Die Mitte bleibt auch frei. Platziert auf dieser ersten Lage eine weitere Schicht aus zwei nebeneinander und eng anliegenden Brikett-Reihen. In regelmäßigen Abständen platziert ihr auf die oberste Brikett-Lage eure kräftigen Smoke-Hölzer. In die Mitte des Kessels stellt ihr eine Aluminiumschale und füllt diese drei viertel voll mit heißem Wasser. Die gut durchgeglühte Kohle verteilt ihr an der Stelle des Randes, wo ihr eine Handbreit Platz gelassen habt. Schließt nun den Deckel.
- Temperatur: Am Anfang sollten die Lüftungsöffnungen im Deckel und Kessel geöffnet bleiben. Sobald euer Deckelthermometer rund 210 °F oder 98 °C anzeigt, beginnt ihr die Lüftungsöffnungen nacheinander zu schließen. Wir beginnen mit den Öffnungen unterhalb des Kessels. Für diese Grillmethode ist eine Temperaturspanne von 300 °F (149 °C) bis zu 350 °F (178 °C) typisch und relativ leicht zu halten. Es können aber auch niedrigere Temperaturen erreicht werden. Leider sind diese »authentischen« BBQ-Temperaturen (200–300 °F oder 93–149 °C) nicht nur abhängig von eurem Geschick an den Lüftungsöffnungen, sondern auch von Faktoren wie Außentemperatur, Witterung oder Luftfeuchtigkeit. Lasst euch aber nicht entmutigen!

Unser Tipp

Um die Grillkohle oder Briketts schnell (30–40 Minuten), sicher und vor allem zuverlässig auf Temperatur zu bringen, empfehlen wir den Gebrauch eines Anzündkamins! Gerade bei Long Jobs (> 1 Stunde) empfiehlt es sich, auch eine frische, heiße Ladung Kohle im Anzündkamin bereitzuhalten.

DER GASGRILL MIT DECKEL

Die Erfindung des Gasgrills geht laut dem Internet auf Don McGlaughlin zurück, der in den 1930ern den ersten kommerziellen Gasgrill produzierte. Damals wurde der Grill noch mit Lava gefüllt, um optisch an einen Holzkohlegrill zu erinnern. Für viele Wochenend-Grillmeister und Balkongriller ist der Gasgrill die erste Wahl. Aus persönlicher Erfahrung weiß ich, dass ein hochwertiger Markengasgrill nicht nur Jahrzehnte überdauern kann, einfach zu reinigen, billig zu reparieren ist, sondern auch verdammt leckeres Essen zaubern kann!

Die einzigen zwei Schwächen eines Gasgrills sind das fehlende Raucharoma und die fehlende Fähigkeit, richtig niedrige Temperaturen zu halten. Bei dem ersten Problem kann man sich mit Räucherboxen, die man auf die brennenden Gasbrenner stellt, behelfen. In den letzten Jahren wurden Gasgrills zu wahren »Allroundern« weiterentwickelt. Funktionen wie ein Infrarot-Brenner (Rotisserie), ein zentraler Hochleistungsbrenner (beispielsweise für einen Wok oder Steak »Sear«) oder ein Bluetooth-gestütztes Temperaturmanagement mit Temperatursonden gehören inzwischen zu jedem höherpreisigen Grillgerät dazu.

Wenn ihr euch einen Gasgrill gönnt, dann achtet bitte darauf, dass es ein Modell ist, wo ihr eine längere Versorgung mit Ersatzteilen erwarten könnt. Gerade die Gasbrenner, der elektrische Zünder, sogenannte Reflektoren, die das heiße Bratenfett von den Gasbrennern wegleiten sollen, und natürlich auch die Grillroste sind der Korrosion besonders stark ausgesetzt. Genauso wichtig sind die Materialien und Verarbeitung des Grillkorpus und Deckels. Selbst große Markenanbieter neigen inzwischen dazu, an den einen oder anderen Stellen, insbesondere am Deckel und unteren Grillkessel, Materialstärke einsparen zu wollen.

Unser Tipp

Schaut doch mal nach hochwertigen, gern gebrauchten Marken-Gasgrills aus den 2010er-Jahren! Tuned diese mit einer neuen Grilleinheit (Gasbrenner, Anzünder) und einem hochwertigen gusseisernen Grillrost, und ihr werdet noch lange daran Freude haben! Achtet außerdem auf die Anzahl Gasbrenner. Gute Einsteigermodelle weisen meist zwei separat regelbare Gasbrenner auf. Mittel- bis hochpreisige Modelle liefern euch sogar drei bis vier Gas-Burner. Je mehr Gasbrenner, desto einfacher das Temperatur-Handling. Häufig bieten drei bis vier Gasbrenner-Grills auch eine deutlich größere Grillfläche.

Unterm Strich muss man sich als Meister am Gasgrill nicht schämen! Wichtig ist, dass die hungrige Meute schnell satt wird und dass man immer eine volle Ersatzgasflasche parat hat!

Gasgrills eignen sich für so ziemlich alles, außer für anspruchsvollere BBQ-Fleisch-Cuts sowie deren besondere Zubereitungsmethode.

DER ELEKTROGRILL MIT DECKEL

Manchmal kann man es sich nicht aussuchen, da muss man als Großstädter im Mehrparteienhaus, mit geruchsempfindlichen Nachbarn und Mini-Balkon auf einen Elektrogrill ausweichen. Umso wichtiger ist es jedoch, dass das Grillgerät mindestens diesen Anforderungen entspricht:

Leistung

- Genügend Watt-Leistung (ab 1800 W), die Spitzentemperaturen von bis zu 300 °C erlaubt.

Verarbeitung

- Wie bei allen Küchen- oder Elektrogeräten sollte man auf die Verarbeitung achten. Der Kessel sollte wenigstens aus Gusseisen hergestellt sein und der Rest, wie der Deckel, aus Stahl oder Emaille. Genauso sollten die übrigen Komponenten witterungsbeständig sein (Stecker, Ablagen, Heizstäbe).

Unser Tipp

- Achtet beim Kauf auch gern auf die Kabellänge. Nichts ist ärgerlicher (und unsicherer) als eine eiligst improvisierte Verlängerung aus »herumfliegenden« Mehrfachsteckdosen.
- Elektrogrills brauchen eine Zeit lang, bis sie heiß werden. Dies gilt auch und besonders für den Grillrost. Ein im Deckel eingelassenes Thermometer ist sehr hilfreich, um die Temperatur im Blick zu behalten, ohne ständig den Deckel anheben zu müssen.
- Last, but not least: Elektrogrills eignen sich für Kurzgebratenes wie marinierte Minutensteaks, hauchdünnes Fleisch für ein koreanisches Bulgogi oder Chadolbaegi (Rinderbrust, Brisket), Würstchen, Gemüse und Fisch. Von der Indoor-Nutzung raten wir ab, vor allem wegen des Geruchs.

PELLET SMOKER

Wer schon einen Kettle-Grill oder Gasgrill sein Eigen nennt und das Grillen ernster nimmt, der landet unweigerlich bei einem Smoker: »wegen des authentischen BBQ-Geschmacks« oder »weil es im Restaurant so toll geschmeckt hat«. Spontan denkt man an die massiven schwarzen Loks, auch Offset Smoker genannt. Viele dieser Loks bieten entweder eine oder mehrere Kammern. Diese verschiedenen Kammern erlauben das gleichzeitige Räuchern, Garen oder Dämpfen von Zutaten in unterschiedlichen Temperaturzonen.

Alles schön und gut, wenn man viel Platz für den Smoker (Garten oder Terrasse) und Platz für Brennholz hat. Außerdem sollte man sich eine gewisse Leidenschaft (Leidensfähigkeit) für das anspruchsvolle Temperaturmanagement mit echtem Brennholz zutrauen oder bereit sein, diese sich anzutrainieren.

All diejenigen, die jetzt mindestens einmal Nein gesagt haben, denen empfehlen wir einen Pellet Smoker! Hierbei handelt es sich um einen mit Strom betriebenen Räucher-Automaten, der mithilfe eines innen liegenden Heizelements kleine Holzpellets verbrennt.

Warum sollte man einen Pellet Smoker erwerben? Das Zauberwort heißt Temperaturstabilität. Viele moderne Pellet Smoker regeln die Pellet-Zufuhrmenge und die Temperatur vollautomatisch! Die einzige Arbeit besteht dann darin, hin und wieder Pellets nachzufüllen.

Ist ein Pellet Smoker für den Balkon geeignet? Jein, eher nein. Jeder Pellet Smoker hat eine Aufheiz- und Abkühlphase. Währenddessen verbrennen die Pellets oder deren Reste sehr unsauber und ein intensiver dunkler Rauch entsteht. Während des eigentlichen Räuchervorgangs ist der Rauch weiß. Dennoch ist die Geruchsentwicklung (über Stunden) deutlich wahrnehmbar. Ein Smoker ist für den urbanen und regelmäßigen Einsatz daher ungeeignet.

Unser Tipp
Wir haben uns einen mobilen Pellet Smoker und eine kräftige Powerbank (beispielsweise Jackery, EcoFlow oder Revolt) zugelegt. Es gibt auch Hersteller, die zu der Powerbank auch ein passendes mobiles Solarpanel anbieten. Dieses unnötig teure Equipment erlaubt uns hungrigen Großstädtern, die quälende Enge der Stadt zu verlassen und »überall« im Freien zu räuchern. Wer's braucht! #FirstWorldProblems

Nun die Gretchenfrage: Schmeckt man den Rauch, und sieht man einen Smoke-Ring? Unsere Antwort: Ja und ja. Ein Pellet Smoker funktioniert und ist ideal für ambitionierte BBQ-Einsteiger und solche, die es sich einfach einfacher machen wollen.

Auf diesem Smoker gelingen besonders gut Spareribs vom Schwein, Geflügel, Tri Tip vom Rind und sogar ein Pulled Pork vom Wildschwein!

Wie auch beim Gas- oder Elektrogrill ist die Lernkurve deutlich steiler.
Man kann auch hier viel einfacher gleichbleibend gute, also replizierbare Grillerfolge feiern!

OFFSET SMOKER

Hier überlassen wir das Wort Thomas, der auf der Suche nach dem – für ihn – perfekten Smoker schon fündig geworden ist:

Innerhalb von über 40 Jahren Grillerfahrung hat sich bei mir immer wieder der Wunsch geregt, etwas Neues zu probieren. Tatsächlich gibt es zwischen dem Kurzgegrillten – alles, was unter einer Stunde auf dem Grill bleibt – und dem hauseigenen Spanferkelgrill – wo die Grillzeit selten unter acht bis zehn Stunden liegt – eine weitere Dimension, den Smoker.

Das Grundprinzip des Smokers besteht darin, das Grillgut mit indirekter Hitze über dem Rauch zu garen. Die Raucharomen geben dem gesmokten Grillgut dann den unverwechselbaren Geschmack. Aber keine Sorge – auch wer kein Fan von Raucharomen ist, kann gesmoktes Fleisch für sich entdecken, denn das Aroma setzt sich lediglich in einer millimeterdicken Schicht an der Außenseite ab. Grundsätzlich gilt beim Smoker: je länger, desto besser. Die beste Gartemperatur liegt je nach Grillgut bei 100–130 °C. Das langsame Garen sorgt dafür, dass das Fleisch nicht austrocknet und selbst nach vielen Stunden noch saftig bleibt.

Als der Plan, einen Smoker anzuschaffen, gereift war, begann der Marktscan. Es gibt eine Vielzahl von verschiedenen Geräten, die unter diesen Begriff fallen – vom Kugelgrill über den chinesischen Keramikgrill bis zum Vollautomaten, bei dem über eine automatische Pelletförderung kontinuierlich Holzpellets nachgefeuert werden. Die ursprünglichste Form allerdings ist der Chuckwagon, ein Barrel Smoker, dessen Form an eine Lokomotive erinnert. Sein Name erinnert an die Zeit der großen Trecks zur Erschließung des amerikanischen Kontinents. Damals wurde der Verpflegungswagen, die mobile Küche, als Chuckwagon bezeichnet.

Ein solcher Smoker bietet nicht nur ausreichend Grillfläche, sondern in seinem Kamin auch zusätzlichen Platz für das Dünsten von Gemüse oder das Räuchern von Fischen. In den Deckel der Brennkammer, in der das Holz angefeuert wird, ist bei manchen Modellen eine Kochplatte integriert. In der Brennkammer selbst kann auf einem Rost auch noch mit direkter Hitze gegrillt werden. Der Chuckwagon bietet somit alles, was eine mobile Küche an Koch-optionen aufweisen sollte.

Aber auch hier gibt es eine Vielzahl unterschiedlicher Angebote. Fraglos haben unsere amerikanischen Grillfreunde die längste und umfangreichste Erfahrung im Bau solcher mobilen Küchen. Also fiel die Wahl auf ein klassisches amerika-nisches Produkt. Durchweg mindestens sechs Millimeter Stahl und damit ein

Gesamtgewicht von über 250 Kilogramm waren das Ergebnis - bei guter Pflege eine Anschaffung fürs Leben. Die Stärke des Materials hat auch erheblichen Einfluss auf die Grillqualität - einmal auf Temperatur gebracht, garantiert der aufgeheizte Stahl kontinuierliche Hitze für einen optimalen Garprozess.

Unter uns: Wir wollen euch hier nicht zum Smoken bekehren. Die Lernkurve ist extrem flach. Die Kunst, Rauch, Feuer und Fleisch zu beherrschen, ist eine lebenslange Berufung. Ich musste schon in einigen Situationen herbe Rückschläge hinnehmen. Wenn ihr euch aber darauf einlasst, ein klein wenig verrückt seid, dann belohnt ihr euch mit jeder Session, lernt dazu und kommt dem perfekten Ergebnis Stück für Stück ein bisschen näher. Wir wünschen euch viel Erfolg auf der Reise.

ZUBEHÖR

Die Auswahl an Grill- und BBQ-Zubehör ist scheinbar unendlich. Für jede Zubereitungsmethode gibt es mittlerweile sinnvolle Werkzeuge, kleine Helfer, coole Tools ... doch am Ende benötigt ihr gar nicht so viel, um für jede Grillsituation perfekt ausgestattet zu sein. Unsere Top Five der wesentlichen Grillwerkzeuge findet ihr hier.

Fleischthermometer

Wenn wir nur ein Zubehörteil wählen dürften, wir würden uns für das Fleischthermometer entscheiden. Am liebsten kabellos und mit Bluetooth-Verbindung zum Smartphone.

Grillzange und Grillwender

Jedes kräftige Wende-Werkzeug, mit dem ihr nicht ins Fleisch oder Gemüse stechen müsst, ist geeignet. Wahrscheinlich euer zweitwichtigstes Grillzubehör! Der Grillwender oder ein Spachtelkelle aus Metall sind ideal, um Burger zu wenden bzw. Smashburger zu plattieren.

Gusseisenpfanne

Perfekt, um Beilagen, Gemüse oder Saucen auf dem Grill zuzubereiten oder empfindlichere Zutaten wie Seafood warm zu halten oder ihnen den letzten Schliff zu geben.

Grillmatte

Wir verwenden häufig eine feuerfeste, wiederverwendbare Grillmatte auf dem Gasgrill. Das ist besonders praktisch, wenn ihr Cheeseburger zubereitet. So tropft kein Käse und er bekommt keine Chance, sich auf Rost und Brennstäben einzubrennen.

LANDMANN

LANDMANN

Dutch Oven

Ein, zwei Gerichte in diesem Buch erfordern einen Dutch Oven oder (feuerfesten) Schmortopf. Aus unserer Sicht ein supersinnvolles Extra, mit dem ihr eure Möglichkeiten noch mal deutlich erweitert. Wusstet ihr, dass man sogar Kuchen in einem Dutch Oven zubereiten kann?

Geschirrtuch

Mithilfe eines Geschirrtuchs könnt ihr nicht nur heiße Gegenstände auf dem Grill rangieren, sondern auch das Grillgut wenden, ohne die kostbare Kruste eures Fleisches nach einem Long Job zu verletzen.

Tropfschale

Die Tropfschale verhindert nicht nur, dass kostbarer Bratensaft auf die Kohle oder den Brennstab fällt, sie hilft auch, die Luftfeuchtigkeit im Garraum zu regeln.

Sprühflasche

Die Sprühflasche hilft euch, eine besonders schöne Kruste zu erzeugen und das Fleisch gleichzeitig saftig zu halten. Dies ist besonders wichtig, wenn ihr Brisket oder Spareribs zubereitet. Häufig wird die Sprühflasche mit einer Mischung aus Wasser und Apfelessig oder Cider befüllt.

Mob

Mithilfe eines Fleischmobs (Pinsel) glasiert ihr euer Fleisch, beispielsweise Spareribs. So bleibt das Fleisch saftig und bekommt die für BBQ-Cuts typische Mahagoni-Färbung. Kleiner Tipp: Die Trockengewürzmischung (Dry Rub) hilft euch, das Fleisch vor oder sogar während des Grillens zu würzen. Die Nassmarinade (auch Wet Rub) verwendet ihr zum Ende des Grillens, bei niedriger Temperatur, um dem Fleisch den letzten Schliff zu geben. Wet Rubs sind häufig öl- und zuckerhaltig. Vorsicht: Bei zu hoher Hitze würde der Zucker verbrennen und so Bitterstoffe an das Fleisch abgeben. Der Zucker soll karamellisieren und nicht verbrennen.

Butcher Paper (Metzgerpapier)

Metzgerpapier ist spezielles Papier. Es ist reißfest, öl- und fettresistent, gleichzeitig ist es aber wasserdampf- und rauchdurchlässig. Metzgerpapier benutzt du, um Grill- oder BBQ-Fleisch vor dem zu schnellen Auskühlen und Austrocknen zu schützen. Es wird in aller Regel verwendet, wenn du das Fleisch nach dem eigentlichen Grillvorgang ruhen lässt. Übrigens: Wenn du Spareribs oder Pulled Pork nach dem Grillen oder Smoken in Metzgerpapier einschlägst, bleibt dir auch die kostbare Kruste (Bark) erhalten. Alufolie solltest du vermeiden, denn dann beginnt das Grillfleisch über kurz oder lang im eigenen Saft zu schmoren.

WO BEKOMME ICH WILD HER?

Seit wir uns intensiv mit dem Thema beschäftigen, sind wir immer wieder erstaunt, dass viele Leute überhaupt nicht wissen, wo man Wildfleisch kaufen kann. Selbst wer einen Jäger kennt, hat damit nicht immer gleich einen zuverlässigen Fleischlieferanten. Viele Jäger verkaufen ihr erlegtes Wild nämlich direkt an Restaurants oder an den Wildhändler. Ihr werdet es nicht glauben: Sogar an Hundefutterproduzenten wird nicht wenig Wild verkauft.

Alles in allem ist es aber gar nicht so schwer, regelmäßig an gutes Wild zu kommen, auch wenn es natürlich kein Convenience-Produkt ist. Wir möchten euch einen Überblick geben, wo ihr in der Regel Wildfleisch beziehen könnt. Wildschwein-, Reh- und Hirschfleisch sollte überall erhältlich sein. Andere jagdbare Wildarten wie Hase, Kaninchen und Federwild wie Tauben und Fasane sind regional sehr unterschiedlich verfügbar.

Supermarkt

In vielen Supermärkten findet man mittlerweile Wildfleisch in der Kühltruhe. Da die Jagdzeiten streng geregelt sind, ist Wild in der Regel nur saisonal frisch verfügbar. Damit ihr es trotzdem ganzjährig kaufen könnt, ist tiefgekühltes Fleisch in diesem Fall total legitim, und das Einfrieren schadet der Qualität normalerweise nicht. Trotz regionaler Aufmachung stammt das Fleisch in Supermärkten aber meistens von größeren Produzenten. Vor allem bei Wild aus dem Ausland ist Vorsicht geboten: Produkte aus Neuseeland, aber auch aus Polen und Ungarn kommen häufig von halbindustriellen Farmen. Das Ursprungsland Deutschland weist hingegen darauf hin, dass das Tier in aller Regel in heimischen Wäldern aufgewachsen ist und sich bis zu seinem Tod frei bewegen konnte. Gerade in Großstädten lohnt es sich, in spezielle Fleischfach-

märkte reinzuschauen. Diese haben oft eine kleine Wildauswahl. Auch hier auf jeden Fall auf die Herkunft achten.

Direkt beim Jäger

Vielleicht kennt ihr schon einen Jäger persönlich, ansonsten lassen sich diese meistens durch Nachfragen schnell ausfindig machen. Oft verkaufen sie selbst erlegtes Wild ganz unkompliziert nach Verfügbarkeit. Nehmt Kontakt zu einem Jäger in eurer Nähe auf. Fragt, ob er auch Wild abgibt, und teilt ihm am besten schon mit, welche Teilstücke ihr gerne kaufen möchtet. Manche Jäger verarbeiten ihr Wild direkt selbst, portionieren und vakuumieren es und verkaufen es küchenfertig. Viele haben engen Kontakt zum örtlichen Metzger und lassen die Tiere dort verarbeiten, verkaufen das Wild dann aber aus der eigenen Tiefkühltruhe heraus. Oft werdet ihr direkt beim Jäger nur die großen Teilstücke - Keulen, Rücken, Schulter, Nacken - bekommen. Es lohnt sich aber, nach Gulasch, Würstchen oder Hackfleisch zu fragen. Manchmal gibt es auch Schinken oder Salami - hier auf jeden Fall zuschlagen!
Wer es sich zutraut, kann in der Regel auch ein ganzes Tier bestellen und selbst zerlegen.

Tipp

Manche Jäger organisieren ihren Wildverkauf in WhatsApp-Gruppen. Dort stellen sie ein, wenn Wild verfügbar ist, und ihr könnt direkt Interesse bekunden.

Metzgereien

Auch Metzgereien bieten hin und wieder frisches Wild an. Manche Metzger haben enge Kontakte zu Jägern und somit immer wieder Wild im Angebot, vor allem während der Haupt-Jagdsaison von September bis Januar.
Das entspricht natürlich nicht der Grillsaison (obwohl wir euch unbedingt ans Herz legen, das ganze Jahr über zu grillen). Fragt am besten nach, ob ihr das Fleisch bedenkenlos einfrieren könnt. Wild hält sich in der Regel mindestens ein halbes Jahr in der Tiefkühltruhe. Aber auch während des Sommers lohnt es sich, den Metzger auf sein Wildbret-Angebot anzusprechen.

Oft lassen sich auch komplette Tiere »bestellen«, der Metzger verarbeitet dann zum Beispiel ein ganzes Reh zu den Cuts, die ihr euch vorstellt, sobald er eines vom Jäger bekommt. Positiver Nebeneffekt: Ihr verwertet das ganze Tier, wisst genau, wo es herkam, und euer Fleischvorrat ist erst mal gesichert.

Hofläden der Bauernhöfe

Landwirte haben einen engen Kontakt zu Jägern. Jäger sind unter anderem dafür verantwortlich, Schäden durch Wild auf Wiesen und in Feldern zu verhindern oder einzudämmen, und tauschen sich dazu eng mit den Bauern aus. Viele Landwirte sind tatsächlich auch selbst Jäger. Das führt dazu, dass es in deren Hofläden nicht selten Wild zu kaufen gibt.

Onlineshops und Apps

Rind- und Schweinefleisch kann man schon länger online kaufen und sich ganz unkompliziert gekühlt nach Hause liefern lassen. Mittlerweile gibt es auch einig Onlineversandhändler, die Wildfleisch versenden. Wir haben uns beispielsweise mit www.grillen-mit-wild.de (Werbung) auf den passiv gekühlten Versand von Wildfleisch spezialisiert. Das funktioniert problemlos mit speziellen Isoliermatten und Eis-Packs. Wenn das Fleisch tiefgekühlt versandt wird, kommt es normalerweise noch gefroren oder nur leicht angetaut bei euch an. Ihr könnt es dann in der Regel sofort wieder einfrieren. Einmal gefrorenes und dann aufgetautes Fleisch solltet ihr allerdings nur noch im Kühlschrank lagern und innerhalb weniger Tage zubereiten. Eine Lieferung per Standardversand wird fast immer schon am nächsten Tag zugestellt, sofern das Versandlager des Onlineshops sich im näheren Umkreis eures Wohnorts befindet. Wenn ihr euch unsicher seid, könnt ihr aber in den meisten Onlineshops auch Expressversand auswählen. Dann lohnen sich größere Bestellungen, um die Tiefkühltruhe aufzufüllen.

Tipp

Viele Shops beschäftigen sich nicht nur mit dem Fleisch, sondern auch mit sorgfältig abgestimmten Gewürzen, Getränken und mehr. Es lohnt sich, auch diese Produkte auszuprobieren.

GRILLTIPPS

Ein paar grundlegende Tipps aus unserem Grill- und BBQ-Repertoire möchten wir euch an dieser Stelle mitgeben.

1. Verschiedene Temperaturbereiche erzeugen

Wichtig: Beim Grillen direkt auf dem Rost den Grill immer ordentlich vorheizen, bevor ihr das Fleisch auflegt. Denkt daran, dass ihr verschiedene Temperaturbereiche braucht, die während des Grillens variiert werden können. Das geht mit jedem einfachen Holzkohlegrill, indem ihr Bereiche erzeugt, in denen keine Holzkohle unter dem Rost liegt.
Auf keinen Fall solltet ihr Wild auf dem voll angeheizten Grill bis zum bitteren Ende über direkter Hitze durchgaren. Besser ist es, das Fleisch nach kurzer Zeit von einem Bereich mit direkter Hitze zum Fertiggaren an eine Stelle auf dem Rost zu verschieben, unter der keine Holzkohle liegt. Auch die Temperatur solltet ihr während des Grillens variieren. Oft reicht ein scharfes Angrillen bei hoher Temperatur, danach kann die Hitze reduziert werden.

2. Die Mengen richtig einschätzen

Wildfleisch ist rar und relativ teuer. Da wäre es schade, zu viel Fleisch einzukaufen, das ihr am Ende entsorgen müsst. Genauso unangenehm wäre es, wenn eure Gäste nicht satt werden. Um die richtige Menge zu erwischen, kalkulieren wir mit etwa 200 Gramm Fleisch pro Person. Bei hungrigen Gästen können es auch bis zu 300 Gramm sein. Es handelt sich um das Gewicht im rohen Zustand und ohne Knochen. Bei Fleischstücken mit Knochen solltet ihr mindestens 20 Prozent Gewicht für die Knochen abziehen. Burger-Patties bereiten wir vorzugsweise mit 180 Gramm pro Patty zu.

3. Das Fleisch früh genug aus dem Kühlschrank holen

Vor allem bei dickeren Stücken ist es wichtig, das Fleisch mindestens eine halbe bis eine Stunde vor dem Grillen aus dem Kühlschrank zu nehmen, damit es sich bei Zimmertemperatur etwas erwärmen kann. Sonst gart es außen zu schnell durch, während es innen aufgrund der niedrigeren Kerntemperatur noch nicht fertig ist.

4. Das perfekte Grillmuster erzeugen

Stellt euch eine Uhr auf dem Grillrost vor. Wenn ihr das Fleisch auf den Rost legt, richtet es zuerst auf 10 Uhr (oben links) aus. Beim ersten Wenden richtet ihr es dann auf 14 Uhr (oben rechts) aus. Diesen Vorgang wiederholt ihr noch zwei Mal, um ein perfektes Karomuster zu erzeugen. Ihr erzielt ein deutlich besseres Ergebnis, wenn ihr das Fleisch beim Wenden nicht auf dieselbe Stelle legt, auf der es vorher gelegen hat. Dort bleiben häufig noch Fleischreste zurück, die das Muster beeinträchtigen.

5. Die Temperatur im Auge behalten

Wild ist ein relativ fettarmes Fleisch und wird daher schneller trocken als Rind- oder Schweinefleisch, wenn es zu stark durchgegart wird. Wir empfehlen euch, nicht auf den Daumenballen-Test und ungefähre Zeitangaben zu vertrauen, sondern ein Fleischthermometer zu verwenden und mithilfe der angezeigten Kerntemperatur den perfekten Garpunkt zu überwachen. Dabei immer darauf achten, das Thermometer auch wirklich im Kern des Grillguts zu platzieren. Wichtig: Wenn ihr das Fleisch ruhen lasst, kann die Kerntemperatur noch um ein paar Grad steigen. Plant das mit ein.

6. Ruhe bewahren

Diesen Rat möchten wir euch für das Grillen ganz grundsätzlich mitgeben: Lasst Marinaden lange genug einwirken wie in den Rezepten beschrieben. Wendet das Grillgut nicht zu früh und zu oft, damit sich Röstaromen entwickeln können und ein schönes Grillmuster entsteht. Öffnet den Grill oder Smoker nicht zu häufig, um Temperaturschwankungen zu vermeiden. Und lasst das Fleisch nach dem Grillen noch ein paar Minuten abgedeckt ruhen. Es lohnt sich wirklich. Wenn ihr meint, das Fleisch ist in der Zwischenzeit zu sehr abgekühlt, einfach noch mal für ein paar Sekunden auf den heißen Rost legen.

BURGER

Eines steht fest: Ein echtes Burger-Restaurant ist viel mehr als die Summe der Zutaten, die zwischen zwei Brötchenhälften kommen. Wer Amerika wahrhaftig erkunden will, der muss sich auch mit hyperregionalen Hamburger-Varianten, deren Geburtsstätte, Geschichte und mit den Menschen dahinter beschäftigen. Auf meinen unzähligen Reisen durch die Vereinigten Staaten von Amerika bin ich natürlich an Legenden wie White Castle Burger™, In-N-Out™, Whataburger™ oder Shake Shack™ nicht vorbeigekommen. Und ich kenne auch die nicht mehr ganz so geheimen Speisekarten dieser Hamburger-Titanen.

Allein die Erinnerung an meinen ersten Besuch bei In-N-Out™, wo ich den legendären Double-Double, Animal Style™ bestellt habe, erfüllt mich noch heute mit Ehrfurcht und lässt mir sofort das Wasser im Mund zusammenlaufen!

Auf den nun folgenden Seiten möchte ich dem uramerikanischen Hamburger und seinen vielen Cousinen und Cousins huldigen. Beginnen werden wir mit dem Urvater aller Hamburger, einem Slider. Dann zeigen wir euch zwei klassische Smash Burger und schließlich laden wir euch auf ein Date mit Juicy Lucy ein. Natürlich werden wir auch dem Sloppy Joe und einem Patty Melt begegnen. Wer dann noch etwas Appetit hat, den entführen wir zu guter Letzt auf eine geschmackliche Abenteuerreise – ihr dürft gespannt sein!

Tipp

Wer authentische Burger-Buns nicht gleich selber backen will, dem empfehlen wir, Kontakt zu seinem Bäcker im Ort aufzunehmen. Viele Bäcker bieten auf Nachfrage Brioche und klassische Burgerbrötchen an. Alternativ könnt ihr euch die Brötchen auch von einer Onlinebäckerei wie »Burger Buns Bakery« oder »Bekarei« zuschicken lassen.

Übrigens, wer gern auf Vorrat online bestellen möchte, der kann Burger-Buns problemlos einfrieren und nach Bedarf auftauen: Das beste Ergebnis erzielt man, wenn man die Buns etwa eine ganze Stunde auftauen lässt. Natürlich kann man den Auftauvorgang im Backofen auch etwas beschleunigen. Dies ersetzt nie das anschließende Auftoasten, das für die perfekte Konsistenz sorgt: ein fluffiges Bun mit krossen Schnittflächen.

UNSER WILDBURGER-SLIDER

Um einen Irrtum gleich aus dem Weg zu räumen: Ein echter Slider ist kein Mini-Burger! Ein Mini-Burger ist genau das, was man sich unter einer supersüßen Miniaturversion eines Hamburgers vorstellt – nicht mehr, aber auch nicht weniger.

Die Geschichte des Sliders beginnt vor über 100 Jahren und ist untrennbar mit der legendären Burger-Kette White Castle™ aus Wichita in Kansas verknüpft. Um 1900 war der heutige Hamburger nicht viel mehr als ein Hackbällchen zwischen zwei Brotscheiben, eine Art Sandwich mit Fleisch ungewisser Herkunft. Zubereitet und verkauft wurde dieser Snack meist für wenige Cent von klapprigen Karren an arme Industriearbeiter und Tagelöhner.[1]

Erst mit der Gründung von White Castle™ im Jahr 1921 bekam der Hamburger ein neues Image verpasst, und neue Kundengruppen wurden erreicht. Hinter diesem Erfolg stehen zwei wesentliche Faktoren: bessere Zutaten und die kompromisslose Standardisierung der Zubereitungsmethoden. Gleichzeitig erhielten Gastraum und Personal einen frischen weißen, reinlichen Look. »Reinheit«, transportiert durch die Farbe Weiß, und »Sicherheit«, repräsentiert durch die Burg im Logo und die Architektur ihrer ersten Filialen, erhoben Ingram und Anderson, die beiden Gründer, zu ihrer Devise.[2]

[1] Quelle: https://en.wikipedia.org/wiki/History_of_the_hamburger
[2] Quelle: https://www.whitecastle.com/about-us/our-history

FÜR 1 BURGER

ZUTATEN

1 Wildschwein-Patty (siehe Seite 13) à 70 g

1 milde Zwiebel

neutrales Pflanzenöl

1 kleines Kartoffel-Burgerbrötchen (siehe Seite 10)

Salz

schwarzer Pfeffer aus der

Mühle

2 Scheiben Dillgurke

1 Scheibe American Cheese oder Schmelzkäse »Cheddar Art« (optional)

Senf zum Bestreichen

ZUBEREITUNG

Das gleichmäßig geformte Wildfleisch-Patty mittig mit fünf Löchern im gleichen Abstand zueinander versehen. (Wir nehmen dafür gern einen dicken Milk-Shake- oder Bubble-Tea-Strohhalm.)

Die Zwiebel abziehen und auf einer Mandoline in superfeine Scheiben schneiden. (Wer dieses Fingerkuppen mordende Küchenutensil nicht rumliegen hat, kann sich auch mit einer ruhigen Hand und einem scharfen Messer behelfen.)

Währenddessen die Grillplatte auf 180–200 °C vorheizen. Die Grillfläche mit etwas Pflanzenöl bestreichen. Die Zwiebelscheiben als kleines Häuflein auf die Grillfläche legen. Sobald die Zwiebeln weich werden und etwas Flüssigkeit abgeben, das Patty vorsichtig auf die Zwiebeln legen. Das Brötchen aufschneiden und mit der unteren Brötchenhälfte (der Heel) das Patty abdecken. Die obere Brötchenhälfte (auch Crown genannt) leicht schräg dagegenlehnen. Während jetzt der warme Zwiebeldampf durch die Löcher des Pattys emporsteigt, wird das Fleisch gegart und die Heel erwärmt.

Das Fleisch ist nach wenigen Minuten gar. Nun kommt der Trick: Einen Pfannenwender unter die weichen Zwiebelscheiben schieben und diese zusammen mit dem Patty und der Heel anheben. Dann in einer drehenden Bewegung den halbfertigen Burger wenden, sodass die Heel, samt Patty und Zwiebeln, umgedreht in eurer freien Hand oder auf einem Teller zu liegen kommt. Mit etwas Salz und Pfeffer würzen, mit Gurkenscheiben und nach Wunsch auch mit Käse belegen. Die noch warme Crown mit Senf bestreichen und den Burger damit abdecken.

Ja, dieser Burger ist weich, das Fleisch ist nicht rosig, und alle Zutaten wurden eher gedünstet als gegrillt. Diese Zubereitungstechnik garantiert aber ein replizierbares Geschmackserlebnis und immer supersaftige Slider – egal, ob ihr zehn zubereitet oder mehrere Hundert.

UNSER WILDBURGER-SLIDER

WILDSCHWEIN-PATTIES

ERGIBT ETWA 1,2 KG

ZUTATEN

1 kg Wildschweinfleisch (wie Schulter, Nacken, Bauch)

200–250 g Wildschweinspeck (oder Schweinebauch vom Hausschwein)

ZUBEREITUNG

Welle und Lochscheibe des Fleischwolfs in die Tiefkühltruhe legen.

Das Fleisch parieren, also von Silberhaut und Sehnen befreien. Den Speck und das Wildbret in fleischwolfkompatible Würfel schneiden, gut vermischen und wolfen.

Von der Fleischmasse die benötigten Portionen abwiegen und je nach Rezept zu flachen Scheiben oder Kugeln formen. Mit Back- oder Wachspapier abdecken und in der Tiefkühltruhe anfrieren.

ROTWILD-PATTIES

ERGIBT 1,3 KG

ZUTATEN

1 kg Rotwildfleisch (Hirsch)

300 g Wildschweinspeck (oder Rinderfett)

ZUBEREITUNG

Welle und Lochscheibe des Fleischwolfs in die Tiefkühltruhe legen.

Das Fleisch parieren, also von Silberhaut und Sehnen befreien. Den Speck und das Wildbret in fleischwolfkompatible Würfel schneiden, gut vermischen und wolfen.

Von der Fleischmasse die benötigten Portionen abwiegen und je nach Rezept zu flachen Scheiben oder Kugeln formen. Mit Back- oder Wachspapier abdecken und in der Tiefkühltruhe anfrieren.

UNSER WILDFLEISCH-SMASH-BURGER „TEXAS, ALL THE WAY"

Ein sogenannter Smash Burger wird nicht als vorgeformtes Einheits-Patty auf die Grillplatte gelegt – er kommt als Kugel zur Welt. Das zur Kugel geformte Hackfleisch wandert auf die heiße Grillplatte und wird dort mit einem Pfannenwender flach gedrückt. Die dann stattfindende Maillard-Reaktion verleiht dem Fleisch viel Geschmack und eine spannende Textur.

Unser Rezept ist eine Hommage an den Hamburger von Herd's™ aus Texas. Als ich in Dallas war, wurde mir geraten, dieses 1916 gegründete Hamburger-Restaurant unbedingt aufzusuchen. Gesagt, getan – eineinhalb Stunden Fahrzeit später hatte ich das unscheinbare Etablissement betreten. Was diesen Hamburger von den »üblichen« XXXL-Burgern aus Texas unterscheidet, ist die hochwertige Fleischmischung und die Zubereitungsart. Den Umweg über eine Fleischkugel, die auf der Grillplatte flach gedrückt wird, wie beim klassischen Smash Burger, spart man sich dort. Stattdessen sitzt in der Ecke der Grillplatte ein knapp ein Kilogramm großer Hackfleisch-Berg. Der Grillmeister schabt sich jedes Mal gerade so viel Fleisch davon ab, wie er für die Zubereitung des nächsten Burgers braucht. Diese »perfekte« Menge wird dann auf der Grillplatte superflach gedrückt und zu allen Seiten hin in die Breite gezogen. Noch in der Erinnerung faszinieren mich die fließenden, fast choreografierten Bewegungen an der Grillplatte.

FÜR 1 BURGER

ZUTATEN

220 g Rotwild-Patty (siehe Seite 16)

1 Sesam-Burgerbrötchen

1 Scheibe American Cheese, Schmelzkäse »Cheddar Art« oder junger Cheddar

Eisbergsalat, in Streifen geschnitten

Tomatenscheiben

Gewürzgurke, in Scheiben geschnitten

rote Zwiebeln, abgezogen und gewürfelt

Jalapeños aus dem Glas (man ist ja in Texas)

Senf zum Bestreichen

ZUBEREITUNG

Das Patty zu einer Kugel formen und kühl stellen.

Den Grill auf ca. 250 °C vorheizen. Die Kugel auf die Grillplatte legen und mithilfe eines Pfannenwenders flach drücken und rundherum in die Breite ziehen. Zugegeben, einen Schönheitswettbewerb wird dieser überdimensionale Wildfleisch-Crêpe nicht gewinnen. Aber Textur und Röstaromen werden ihresgleichen suchen.

Jetzt das Brötchen aufschneiden. Die Heel auf das garende Fleisch legen, damit sie sanft erwärmt wird und die Fleischaromen aufnimmt. Das Patty wird nicht gewendet. Die Crown wird einfach schräg daraufgelegt.

Mit dem Wender nun das Fleisch samt Heel anheben, umdrehen und auf einen Teller oder auf die Arbeitsfläche legen. Dann eine Käsescheibe auf das noch heiße Patty legen. Als ordentlicher Texaner wird dieser Burger nun »all the way« belegt, also mit feinen Streifen von Eisbergsalat, Tomatenscheiben, ein bis zwei Gürkchenscheiben, Zwiebelwürfeln und Jalapeños.

Die Crown mit Senf bestreichen und fest auf den Burger drücken.

UNSER WILDFLEISCH-SMASH-BURGER „TEXAS, ALL THE WAY"

UNSER WILDFLEISCH-SMASH-BURGER „DOUBLE-DOUBLE WITH CHEESE-CHEESE"

FÜR 1 BURGER

ZUTATEN

300 g Wildschwein-Patty (siehe Seite 13)

Salz

schwarzer Pfeffer aus der Mühle

2 Scheiben American Cheese, Schmelzkäse »Cheddar Art« oder junger Cheddar

1 Sesam-Burgerbrötchen

Senf zum Bestreichen

Knoblauchsprossen (nach Belieben)

ZUBEREITUNG

Den Grill auf 250 °C vorheizen. Das zur Kugel geformte Patty darauflegen und mithilfe eines Pfannenwenders flach drücken und zu den Seiten in die Breite ziehen. Das Patty nicht wenden und mit Salz und Pfeffer nach Geschmack würzen. Jeweils eine Käsescheibe diametral in jede Ecke des Pattys legen. Dann die untere Hälfte des Pattys nach oben hin umschlagen, sodass beide Käsescheiben von unten und oben von Fleisch umschlossen sind, ähnlich wie bei einer Juicy Lucy.

Nun die längere Seite zur Mitte hin umklappen, sodass das Patty jetzt geviertelt ist. Was nun vor euch liegt, sollte ein vierlagiger Smash Burger sein, mit zwei perfekt geschmolzenen Käsescheiben.

Jetzt das Brötchen aufschneiden, die Heel auf das Fleisch legen, dann mit dem Pfannenwender das Patty samt Heel anheben, umdrehen und auf einen Teller oder die Arbeitsfläche legen. Die Crown mit Senf bestreichen und den Burger damit abdecken. Nach Belieben mit Knoblauchsprossen bestreuen.

UNSERE JUICY LUCY MIT WILDFLEISCH

Die Juicy Lucy ist eine Cheeseburger-Variante, bei der der Käse nicht auf den Patties liegt, sondern in das Fleisch eingearbeitet wurde. Es gibt mindestens zwei Hamburger-Restaurants, die sich als Erfinder dieser kulinarischen Sensation rühmen, The 5-8 Club™ und Matt's Bar™ aus Minneapolis im Bundesstaat Minnesota. The 5-8 Club™ verwendet American Cheese, bei Matt's Bar greift man zu Amablu-Blauschimmelkäse, Pepper Jack, Emmentaler - ihr habt die Wahl!

FÜR 1 BURGER

ZUTATEN

- 500 g Wildfleisch-Patty (Wildschwein und Rotwild gemischt, im Verhältnis 80/20)
- 1 Scheibe Schmelzkäse »Cheddar Art«, junger Cheddar, Blauschimmelkäse oder Emmentaler
- 1 Burgerbrötchen
- Butter zum Bestreichen
- gebratene Zwiebelwürfel
- 2 Scheiben Gewürzgurke

ZUBEREITUNG

Die vorbereitete Patty-Masse halbieren, eine Hälfte auf ein Stück Backpapier geben und daraus einen Boden formen. Mittig eine etwa daumenbreite und nur wenige Millimeter tiefe Vertiefung eindrücken. Den Käse in kleine Würfel oder Stücke teilen und hineingeben. Das Ganze mit der restlichen Patty-Masse abdecken. Idealerweise umschließt das Hackfleisch komplett den Käse, und die Ränder sind schön fest geschlossen, sodass nichts herausfließen kann. Ein Stück Backpapier erleichtert diese Arbeit, so bleibt nichts an den Fingern kleben. Das vorbereitete Patty vor der Verwendung 30 Minuten kühlen. Inzwischen den Grill vorheizen.

Erfahrungsgemäß gelingt die Juicy Lucy sowohl auf der Grillplatte als auch auf dem Rost. Wird sie auf dem Rost gegart, darauf achten, das Patty nicht zu früh zu wenden. Andernfalls besteht die Gefahr, dass es am Rost haften bleibt. Schöne Grillstreifen bekommt ihr mit dieser Art Patties gut hin. Der Grill sollte eine Temperatur von ca. 200 °C erreicht haben.

Das fertig gegrillte Patty wird zwischen zwei getoasteten Brötchenhälften serviert. Dafür das Burgerbrötchen aufschneiden, die Schnittflächen mit Butter bestreichen und kurz grillen. Als einzige weitere Beigaben sind zwei Scheiben Gewürzgurke und gebratene Zwiebelwürfel erlaubt. Kein Ketchup, keine Mayo und diesmal auch kein Senf. Die klassischen Beilagen zu einer Juicy Lucy sind Coleslaw (siehe Seite 41) und Steakhouse Frites.

UNSER WILDER SLOPPY JOE VOM WILDSCHWEIN

Soweit wir wissen, ranken sich mindestens zwei Mythen um die Herkunft des Sloppy Joe Sandwichs. Einer beginnt in Havanna auf der Insel Kuba. Hier soll ein José García einst ein Sandwich kreiert haben, welches auf dem kubanischen Soulfood Ropa Vieja basiert, einem Rindfleischeintopf mit Paprika und Zwiebeln. Der Ausdruck »sloppy« (engl.: schludrig, schlampig) bezieht sich jedoch nicht auf Zubereitung oder Geschmack des Sandwichs, sondern vielmehr auf einen angeblich rutschigen Fußboden, über den sich die Gäste lustig gemacht hätten.

Die andere Geschichte beginnt im Bundesstaat Iowa, im mittleren Westen der USA. Seit den frühen 1920ern war dort das sogenannte Loose Meat Sandwich populär. Dabei handelt es sich um gebratenes (manchmal auch gedämpftes) Hackfleisch, das zusammen mit gehackten Zwiebeln, Ketchup, Senf und ein paar Gewürzgurkenscheiben zwischen zwei superweichen Brötchenhälften gegessen wurde. (Fun Facts: Wusstet ihr, dass das Lose Meat Sandwich auch in der Sitcom »Roseanne« verewigt wurde? Wer genau hinsieht, wird dieses Sandwich in der Lanford Lunchbox erspähen!
Quelle: https://roseanne.fandom.com/wiki/The_Lunch_Box)

Zurück zur Geschichte des Sloppy Joe: Ein Koch mit dem Namen Joe soll einst Tomatensauce unter das Hackfleisch für das Loose Meat Sandwich gegeben haben, und so sei der köstliche Sloppy Joe entstanden.

Egal welcher Mythos nun stimmen mag, der Sloppy Joe ist für mich mit Erinnerungen an meine Zeit an einer amerikanischen Highschool verbunden. Dort gab es dieses Sandwich regelmäßig in der Kantine. Die folgende Variation des Klassikers soll euch nun genauso viel Freude machen wie mir damals.

Tipp

Wer sich die Zubereitung der Sauce komplett ersparen und den ungetrübten amerikanischen Genuss aus der Konservendose genießen möchte, dem empfehlen wir Hunt's™-Manwich-Sauce: Hackfleisch im Fett gut anbraten. Dose auf. Doseninhalt rein. Umrühren. Fertig.

FÜR 2–4 BURGER

ZUTATEN

20 g Butter (oder neutrales Pflanzenöl)

500 g Wildfleisch-Hack (Schwarzwild)

½ weiße Zwiebel, abgezogen und gewürfelt

je ½ grüne und rote Paprikaschote, gewürfelt

2–3 Knoblauchzehen

1 EL Tomatenmark

100–200 ml Tomatenketchup (eigentlich muss es Heinz®-Ketchup sein)

2 TL brauner Zucker

1 ½ TL Salz

1 TL schwarzer Pfeffer

½ TL Worcestersauce

1 TL Senf

1 Prise Chipotle-Chilipulver (optional)

4 kleinere Brioche-Burgerbrötchen

TOPPINGS

junger Cheddar

Nacho-Chips

Coleslaw (siehe Seite 41)

ZUBEREITUNG

Butter oder Öl in einer tiefen Pfanne oder im Dutch Oven bei mittlerer Temperatur (160–180 °C) erhitzen. Das Hackfleisch darin gut anbraten und mit dem Kochlöffel in kleine Krümel zerteilen. Sobald es schön braun geworden ist, herausnehmen und beiseitestellen. Im Bratfett nun Zwiebel und Paprika anbraten. Sobald sie weich sind, die Knoblauchzehen dazupressen und unterrühren. Nach 1–2 Minuten unter ständigem Rühren das angebratene Hackfleisch zusammen mit dem Tomatenmark dazugeben.

Zu guter Letzt noch Ketchup, 100–200 ml Wasser, Zucker, Salz, Pfeffer, Worcestersauce und Senf dazugeben. Wer mag, schärft mit Chilipulver nach. Die Sauce nun 10–15 Minuten bei mittlerer Temperatur köcheln lassen, bis sie eindickt.

Kurz vor dem Servieren die Brötchen aufschneiden und auf der Schnittseite toasten. Das sorgt dafür, dass sie nicht nach dem ersten Bissen auseinanderfallen. Selbst wenn – der Burger heißt schließlich Sloppy Joe, und er wird seinem Namen alle Ehre machen, versprochen! Verteilt das Fleisch auf der unteren Brötchenhälfte, legt nun den Käse darauf, zerbröselt ein paar Nacho-Chips darüber und deckt alles mit der Crown ab. Den Coleslaw essen wir als Salatbeilage dazu.

Tipp
Wer die Fleischsauce etwas fester mag, kann die Kochzeit gern verlängern und warten, bis etwas mehr Flüssigkeit verdampft ist. Wir mögen unsere Sloppy Joes … sloppy. Deshalb lassen wir die Sauce nicht ganz so lange einkochen.

UNSER WILDER SLOPPY JOE VOM WILDSCHWEIN

BBQ

„EINFACHE" WILDCONSOMMÉ

ERGIBT ETWA 500 ML PURES GOLD

ZUTATEN

- 4 große Eiweiß plus Eierschalen
- 1–2 EL schwarze Pfefferkörner, grob gemahlen
- 1,5 kg mageres Wildfleisch (etwa Hüfte oder Schulter), gewürfelt
- 1 Roma-Tomate, geviertelt
- 1 Stange Sellerie, grob gewürfelt
- 1–2 mittelgroße Karotten, grob gewürfelt
- 1 Bouquet garni aus 1 Zweig frischer Thymian, 1 Stängel Petersilie und ½ Lorbeerblatt
- 1 l Kalbs-, Rinder- oder Wildfond
- 180 ml Wasser
- je 10 ml Madeira und Cognac (optional)

ZUBEREITUNG

In einer Schüssel das Eiweiß mit den Schalen und den Pfefferkörnern aufschlagen, bis die Masse schaumig wird.

Das Fleisch zusammen mit Tomate, Sellerie und Karotten in der Küchenmaschine zu einem lockeren, grobkörnigen Brät verarbeiten.

Die Eiweißmasse und die Fleischmasse in einen Topf geben, das Bouquet garni hinzufügen, den Fond sowie zusätzlich 180 ml Wasser angießen. Wer mag, kann Madeira und Cognac dazugeben.

Alles bei mittlerer Temperatur erhitzen, bis die Flüssigkeit ganz leicht zu köcheln beginnt. Einen Deckel auflegen und 30–40 Minuten warten, bis alle festen Bestandteile im Topf an die Oberfläche gestiegen sind. Und wie kommt man nun an das flüssige Gold unterhalb des sogenannten Rafts, der Verklumpung aller Fest- und Schwebstoffe?

Dafür gibt es mehrere Methoden, die alle auf ihre Art irgendwie umständlich klingen und es in Wahrheit auch sind. Das Ziel ist immer, so viel klare Flüssigkeit abzuschöpfen wie möglich. Wir haben zwei Methoden getestet: Einmal haben wir mit einer riesigen Bratenspritze vorsichtig an der Seite des Topfes durch das Raft gestochen bzw. versucht, das Raft vorsichtig beiseitezuschieben. Mit der Bratenspritze haben wir nun portionsweise die Flüssigkeit abgesaugt. Und um ehrlich zu sein, waren wir paranoid genug, um die volle Bratenspritze jedes Mal in ein frisches Gefäß zu entleeren, damit Unfälle, also Unreinheiten, nicht die ganze mühevolle Arbeit zunichtemachen.

Irgendwann hat sich aber die Flüssigkeit im Topf weitestgehend erschöpft, oder zu viele Unreinheiten gelangen in die Bratenspritze. Den Rest haben wir dann durch feine Tücher in ein frisches Gefäß abgeseiht. Dies ist im Übrigen die zweite, gängigere Methode. Unsere Erfahrungen damit sind eher durchwachsen … vielleicht haben wir den Topf einfach irgendwann zu steil gehalten, sodass die Fest- und Schwebstoffe dann nicht nur auf der Arbeitsplatte, sondern auch im Auffanggefäß gelandet sind, weil das Tuch gleich mit abgetaucht ist.

Wer auch noch die letzte Meile gehen will, kühlt die Consommé im Kühlschrank so weit herunter, dass sich die letzten Unreinheiten und Fetttröpfchen an der Oberfläche sammeln. Dann lassen sie sich vorsichtig mit einem Löffel abschöpfen.

Tipp

Den ganzen Spaß könnt ihr natürlich auch mit einem selbst zubereiteten Fond machen. Dann dürft ihr vorher Wild- oder Ochsenschwanzknochen im Backofen rösten, mehrere Stunden lang auskochen und, und, und … Selbstverständlich kann man auch mehrere Liter auf Vorrat zubereiten und den Rest einfrieren. Für unser Patty-Melt-Rezept »Wild Dip« genügt aber die schnelle, einfachere Nummer mit gepimptem Fond aus dem Glas!

UNSERE PATTY MELTS „WILD DIP"

Wikipedia™ ist bei der Definition eines Patty Melts eindeutig: Es handelt sich um ein mit gebratenem Hackfleisch, geschmolzenem Emmentaler und karamellisierten Zwiebeln belegtes Sandwich.[1]

Hinter dieser knappen Beschreibung steckt die Geschichte einer ganzen Gastronomen-Dynastie. Ich spreche von der Familie Naylor und dem aus Iowa stammenden Patriarchen W.W. Tiny Naylor. Die Erfindung wird ihm zugeschrieben und in die 1930er datiert.[2]

Mein erstes Patty Melt durfte ich im Du-par's, einem berühmten Diner in Los Angeles, auf dem Farmer's Market genießen. Unter Liebhabern des opulenten amerikanischen Frühstücks und turmhoher Stapel von Pancakes ist dieses Restaurant ein echter Wallfahrtsort.

Was hat aber dieses Diner in Los Angeles mit der Familie Naylor zu tun? Nun, wie ich später erfuhr, gehörte das Du-par's W. W. »Biff« Naylor, Tinys Sohn. Auch wenn das Du-par's inzwischen ein paar Inhaberwechsel erlebt hat[3] und durch die Covid-19-Pandemie stark angeschlagen ist, könnt ihr heute dort wieder essen, und das solltet ihr auch. Denn eine Sightseeing-Tour durch Los Angeles macht hungrig!

[1] Quelle: https://en.wikipedia.org/wiki/Patty_melt
[2] Quelle: http://dupars.net
[3] Quelle: https://www.wikiwand.com/en/Du-par%27s

FÜR 2 SANDWICHES

ZUTATEN

Wildconsommé (siehe Seite 24)
1 weiße Zwiebel
etwas Butter oder neutrales Pflanzenöl
300 g rohes Hackfleisch vom Wild (Rotwild, etwa Hirsch)
Salz
schwarzer Pfeffer aus der Mühle
4 Scheiben Roggen-Sandwichbrot
8 Scheiben Emmentaler

BEILAGEN

saure Gurken
Coleslaw (siehe Seite 41)
dünne Pommes frites

ZUBEREITUNG

Unserem wilden Patty Melt verpassen wir eine Extraportion Saft oder wie der Amerikaner sagen würde: »with an extra portion ›au jus‹«. Wer in der Schule Französisch hatte, wird jetzt wahrscheinlich die Hände über dem Kopf zusammenschlagen, denn wortwörtlich übersetzt bedeutet »au jus« ja schon »mit Saft«: Doppelt hält besser oder in diesem Fall: Doppelt schmeckt einfach besser!

Zuallererst die Wildconsommé in einem kleinen Topf erwärmen. Während der »Saft« nun warm wird, kümmern wir uns um das Sandwich.

Den Grill mit der Platte auf 200–250 °C vorheizen. Die Zwiebel abziehen und würfeln. Mit etwas Fett auf der Platte anbraten, bis sie leicht Farbe annimmt. Danach in einen kühleren Bereich der Grillplatte schieben. In dem noch heißen Fett anschließend das Hackfleisch scharf anbraten und mit Salz und Pfeffer würzen. Das fertig gebratene Fleisch ebenfalls beiseiteschieben. Die Brotscheiben auf der Grillplatte verteilen und nur von einer Seite toasten.

In dem Bratfett des Hackfleischs zu guter Letzt die Käsescheiben schmelzen lassen. Dabei mit dem Pfannenwender die Käsemasse immer wieder anheben und wenden, damit der Käse gleichmäßig schmilzt, aber nicht anklebt.

Zwei der getoasteten Brotscheiben umdrehen und das Hackfleisch darauf verteilen. Dann jeweils die Hälfte des Käses und der Zwiebeln darübergeben. Die restlichen Brotscheiben mit der getoasteten Seite auf den Belag drücken. Die Sandwiches mit der Consommé zum Dippen servieren. Ein paar Gewürzgurken sorgen für einen ordentlichen Crunch, außerdem passen Coleslaw (siehe Seite 41) und dünne Pommes dazu.

UNSERE PATTY MELTS „WILD DIP"

UNSER ORIGINAL WILDBURGER „LE CHEF"

Im vergangenen Sommer hatten wir die Chance, als Gastgeber der Querbeet-Eventreihe eine digitale Grillveranstaltung zu präsentieren: Burger 'n' Beer.[1]

Als tatkräftige Unterstützung standen uns Anton, ein professioneller Bier-Sommelier, und Tobi, der Leiter der Grillakademie in Koblenz-Urmitz, zur Seite. Eins der drei klassischen Burger-Rezepte von Tobi wollen wir euch nun zeigen.

[1] **Quelle: https://www.grillen-mit-wild.de/querbeet**

FÜR 1 BURGER

ZUTATEN

- 3 Scheiben Wildschwein-Bacon
- 1 Wildschwein-Patty à 180 g
- neutrales Pflanzenöl zum Einreiben
- 1 Brioche-Burgerbrötchen
- Butter zum Bestreichen
- 1 EL Mayonnaise
- 1 kleine Handvoll Babyspinat
- 30 g Camembert, in dünne Scheiben geschnitten
- 1 TL Röstzwiebeln
- 1 TL Preiselbeeren aus dem Glas

ZUBEREITUNG

Die Grillplatte (oder eine gusseiserne Pfanne) auf 200–250 °C vorheizen. Die Baconscheiben darauf verteilen, mit etwas Wasser benetzen und unter einem kleinen Deckel kurz dämpfen. Sobald das Wasser verdampft ist, den Bacon bei indirekter Hitze weitergrillen, bis die gewünschte Knusprigkeit erreicht ist. Danach zur Seite legen. Wir mögen unseren Bacon nicht ganz so knusprig – damit er beim Belegen nicht gleich zerkrümelt.

Das Patty mit etwas Öl einreiben und auf den superheißen Grillrost legen. Nach 5–8 Minuten auf der einen Seite vorsichtig den Pfannenwender unter das Fleisch schieben, das Patty anheben und umdrehen. Das Fleisch sollte sich leicht vom Grillrost lösen und schöne Grillstreifen aufweisen.

Ein Tipp von Tobi war es, den Burger nicht wieder auf die gleiche Stelle des Rosts zu legen, sondern sich einen Platz auf dem Rost zu suchen, wo vorher noch kein Grillgut lag. Das sichert euch die gleichen schönen Grillstreifen, weil der Rost dort noch schön heiß ist. Sobald das Patty fast durchgebraten ist (Wildfleisch-Patties schmecken aber auch me-

dium), das Brötchen aufschneiden, die Schnittflächen mit Butter bestreichen und auf dem Rost oder der Grillplatte antoasten.

Euren Burger könnt ihr frei nach Gusto belegen: Wir beginnen damit, dass wir die untere Brötchenhälfte mit Mayo bestreichen und den Spinat darauf verteilen. Darauf legen wir das Patty. Auf das heiße Patty kommen die Camembert-Scheiben, gefolgt von unserem Bacon und den Röstzwiebeln. Zu guter Letzt bestreichen wir die obere Brötchenhälfte mit Preiselbeeren und legen die Crown auf den unteren Teil des Burgers. Ein Holzstick verhindert, dass etwas verrutscht. Gleichzeitig hilft der Stick, wenn man den Burger einfach und sicher halbieren möchte.

UNSER GADO-GADO-WILDBURGER

Wer schon einmal Südostasien bereist hat, weiß, dass man sich dort der Erdnuss kaum entziehen kann. Egal ob als knuspriger Bestandteil einer vietnamesischen Sommerrolle Goi cuon, in Würzpaste oder als Sauce für das berühmte Gado Gado in Indonesien – die Erdnuss wird pur, geröstet oder gekocht verwendet.

Als Hommage an mein Geburtsland Indonesien möchte ich euch hier einen feurig-würzigen Wildfleisch-Burger mit selbst gemachter Erdnuss-Sauce zeigen.

FÜR 1 BURGER

ZUTATEN

1 Wildschwein-Patty à 180 g

1 Baguette-Burgerbrötchen

FÜR DIE SAUCE

100 g Erdnüsse, frisch geschält

80 g Palmzucker

½ TL Salz

1 daumenbreites Stück frischer Galgant (oder Ingwer)

3–4 rote Chilischoten (etwa Bali-Lombok-Hot-Meteor-Chili mit bis zu 50 000 Scoville)

4 Schalotten, abgezogen und fein gewürfelt

3 Knoblauchzehen

3 indische Lorbeerblätter (optional)

ZUBEREITUNG

Zuerst die Sauce zubereiten: Die Erdnusskerne in Salzwasser kurz blanchieren, dann abtropfen lassen. In einer Pfanne von allen Seiten leicht anrösten, bis sie eine goldbraune Färbung haben. Die übrigen Zutaten mit Ausnahme von Kokosmilch, Kecap Manis und Limettensaft im Mixer superfein pürieren. Die gerösteten Erdnüsse zu der Gewürzpaste geben und alles im Mixer fein pürieren.

Das Öl in einer Pfanne bei mittlerer Temperatur (160–180 °C) erhitzen und die Erdnuss-Gewürz-Paste darin etwa 5 Minuten erhitzen, um die Aromen zu aktivieren. Danach die Temperatur reduzieren und die Kokosmilch hinzugeben. Darauf achten, dass die Sauce nicht aufkocht, da sonst die Kokosmilch gerinnt. Nun die Sauce mit Kecap Manis und Limettensaft abschmecken, dann 20–30 ml Wasser hinzugeben, bis die richtige (tendenziell eher fest-cremige) Konsistenz erreicht ist. Die fertige Sauce beiseitestellen und abkühlen lassen.

4 Kaffirlimettenblätter (Ränder entfernen, um das Aroma freizusetzen)

1 EL neutrales Öl

300 ml Kokosmilch

3–4 EL Kecap Manis (indonesische süße Sojasauce)

1 TL Limettensaft

FÜR DIE TOPPINGS

1 Handvoll blanchierter Babyspinat

1 Handvoll Pommes frites

Tempeh (fermentierte Sojabohnen als Block; optional), in dünne Scheiben geschnitten und kross angebraten

3 dünne Gurkenscheibchen

½ hart gekochtes Ei

1 Handvoll geröstete, gehackte Erdnüsse

Korianderblätter (optional)

Das Patty auf einer vorgeheizten Grillplatte oder auf dem Rost über direkter Hitze bei 200–250 °C zubereiten.
Das Brötchen aufschneiden, die Schnittseiten antoasten und die Toppings vorbereiten. Die Pommes frites und das Tempeh müssen fertig sein, bevor der Burger gebaut wird.
Die Unterseite des Brötchens mit der getoasteten Seite nach oben auf die Arbeitsfläche legen. Darauf den Spinat verteilen, anschließend folgt das Patty. Darauf kommt nun 1 guter EL Sauce und schließlich die übrigen Toppings. Zu guter Letzt folgt die Crown.

Der ideale Geschmack ist erreicht, wenn ihr die cremig-erdige Note der Sauce, die salzigen Röstaromen des Fleischs und der Pommes frites, die Schärfe der Chilis und leichte Säure der Limette sowie den Frische-Crunch der Gurke in einem Bissen schmeckt. Wie bei vielen südostasiatischen Gerichten ist das Ziel, eine Balance aus verschiedenen Geschmacksrichtungen (süß, salzig, sauer, umami) zu erreichen.

Tipp

Diese Kombi schmeckt nicht nur mit Wildfleisch gut …
#vegan

UNSER GADO-GADO-WILDBURGER

UNSER KLASSISCHER STEAKHOUSE-CHEESEBURGER

UNSER KLASSISCHER STEAKHOUSE-CHEESEBURGER

Wenn wir an einen authentischen Steakhouse-Burger denken, haben wir ein supersaftiges Exemplar vor Augen, bei dem die Gefahr einer »Maulsperre« allgegenwärtig scheint. Inzwischen gibt es anspruchsvolle Köche, wie April Bloomfield[1], die sich nicht mehr mit einem einfachen Hackfleisch-Patty begnügen, sondern einen Schritt weitergehen. Sie orchestrieren unterschiedliche hochwertige Beef-Cuts, um auf diese Weise die »perfekte« Mischung zu erreichen. Dabei darf es auch mal ein acht Wochen trocken gereiftes Rib Eye oder kräftiges Entrecôte sein.[2]

Unser Burger-Blend besteht in aller Regel aus relativ grob gewolftem Fleisch von Schulter, Nacken und Bauch sowie Trimmings von den Rippen. Generell vermeiden wir magere Cuts wie Hüfte. Man kann oder sollte für einen supersaftigen Wildburger auch mit etwas Rindertalg oder Schweineschmalz arbeiten!

[1] Quelle: https://ny.eater.com/2017/7/20/16005582/salvation-burger-nyc-closing
[2] Quelle: https://www.youtube.com/watch?v=15fKgDUBKT0

FÜR 1 BURGER

ZUTATEN

250 g Wildfleisch-Hack (Schwarzwild, 80/20 Fleisch-/Fettanteil)

1–2 braune Champignons, superfein gehackt und angebraten

Salz

1 Brioche-Burgerbrötchen

Rinderfett (oder Schweineschmalz) zum Bestreichen

FÜR DIE TOPPINGS

1 Handvoll Eisbergsalat, in feine Streifen geschnitten

1 TL Mayonnaise

2 Scheiben Käse (etwa American Cheese, junger Cheddar oder Taleggio)

2–3 Scheiben Tomate

1–2 Scheiben saure Gurke

2–3 Scheiben rote Zwiebel

1 EL BBQ-Sauce nach Wahl (etwa Stubb's™ oder Stokes™)

ZUBEREITUNG

Das Fleisch wird relativ grob gewolft. Die Champignons sowie 1 Prise Salz dazugeben - das Salz wirkt als Bindemittel. Die Masse zu einem Patty formen und mindestens 30 Minuten im Kühlschrank ruhen lassen.

Während der Grill ordentlich hochheizt, ideal sind bis zu 250 °C oder die Holzscheite langsam durchglühen lassen, bereitet ihr die Toppings und Brötchenhälften vor. Die Schnittflächen des Burger-Buns bestreicht ihr mit (Rinder-)Fett.

Das Patty mit 1 ordentlichen Prise Salz bestreuen und auf den Grill legen. Relativ lange auf einer Seite lassen, damit sich schöne Röstaromen bilden und das Fleisch beim Wenden nicht auf dem Rost kleben bleibt. Die Kerntemperatur sollte zum Schluss 57–62 °C betragen. Kurz bevor es so weit ist, die Schnittseiten der Brötchen auf den Grill oder die Grillplatte legen. Sobald sie leicht getoastet sind, den Burger bauen:

Auf die Unterseite den Salat und etwas Mayonnaise geben, das Fleisch daraufbetten. Die übrigen Toppings auf das Patty geben, mit dem Käse beginnen. Zuletzt die Crown mit der BBQ-Sauce bestreichen und den Burger damit abdecken.

Wer noch mehr umami wünscht, sollte zu unseren karamellisierten Zwiebeln mit Taleggio greifen! Dazu passt dann am besten ein kräftiges IPA oder ein fruchtiger Rotwein.

Tipp
Wer mag, ersetzt die rohen Zwiebelscheiben durch 1 große milde Zwiebel, in Scheiben geschnitten, mit 1 TL Rohrzucker in Butter karamellisiert und mit 1 Spritzer Worcestersauce und etwas Rotweinessig abgelöscht. Kurz vor dem Anrichten mit gewürfeltem Taleggio vermischen. So haben wir es für das Foodfoto auf Seite 65 gemacht.

MEGASIMPEL, SUPERSAFTIG

MUTTIS WILDFLEISCH-BURGER

FÜR 6 PERSONEN

ZUTATEN

1 kg Wildfleisch-Hack (etwa Wildschwein)

150 g gewolfte Schweineschulter (oder Nacken)

100 g gewolfter Schweinebauch (oder Speck)

1–2 Zweige Thymian, Blätter abgezupft und gehackt

1 Bund glatte Petersilie, gehackt

2 Eier

2 Handvoll Semmelbrösel

1 mittelgroße Chilischote, fein gehackt

2 EL Ketchup

1 EL mittelscharfer Senf

Salz

schwarzer Pfeffer aus der Mühle

FÜR DIE TOPPINGS

12 Scheiben geräucherter Bacon

12 dünne Scheiben Fleischtomate (z. B. Ochsenherz)

6 Scheiben junger Cheddar

6 Rote-Bete-Buns

ZUBEREITUNG

Das gesamte Hackfleisch in eine große Schüssel geben, dann Kräuter, Eier, Semmelbrösel Chili, Ketchup und Senf hinzufügen und das Ganze kräftig mit Salz und Pfeffer würzen. Alles gut mischen und bis zu 4 Stunden im Kühlschrank ziehen lassen.

Nun die Handarbeit: Aus der Masse sechs gleichmäßige Patties formen – je etwa 200 g. Dabei darauf achten, dass sie zur Mitte hin etwas flacher werden. Das verhindert eine »Klops-Bildung« beim Braten oder Grillen. Den Grill für direktes Grillen auf mittlere Temperatur (200–250 °C) vorheizen. Auf der heißen Grillplatte oder auf dem Rost scharf von beiden Seiten anbraten. Dann die Patties auf ein Backblech legen und im vorgeheizten Ofen bei 180 °C noch 4–6 Minuten weitergaren, bis die gewünschte Kerntemperatur, wir empfehlen 60–62 °C, erreicht ist. Inzwischen den Bacon und die Tomatenscheiben grillen.

Die Patties aus dem Ofen nehmen, mit den Käsescheiben bedecken und den Käse schmelzen lassen. Dann die Brötchen aufschneiden und die Burger zusammenbauen. Dazu passen Gemüsechips.

DE-LUXE-REH-BURGER

Für Puristen und Gourmets haben wir den De-luxe-Reh-Burger in petto. Saftig, fleischig und dank der schwarzen Buns auch superedel auf dem Teller!

ERGIBT 4–6 BURGER

ZUTATEN

1,3 kg Hackfleisch vom Reh (mit bis zu 30 % Fettanteil, etwa Hirsch- oder Rinderfett)

3–4 TL Garam Masala (indische Gewürzmischung)

Salz, schwarzer Pfeffer aus der Mühle

6 schwarze Burgerbrötchen

Butter zum Bestreichen

FÜR DIE TOPPINGS

1 kleiner Kopf Radicchio

1 feste Birne, geschält und in Spalten geschnitten

12 dünne Scheiben Bacon (am besten vom Wildschwein, 2 Scheiben pro Burger)

360 g Blauschimmelkäse (etwa Stilton), in 12 Würfel geteilt, 2 Würfel pro Burger

2–3 EL Trüffelmayonnaise (optional)

GRILLGERÄT

Grillplatte, Feuerplatte

gusseiserne Pfanne

ZUBEREITUNG

Den Grill für direktes Grillen auf 200–250 °C vorheizen. Das Hackfleisch mit der Gewürzmischung sowie etwas Salz und Pfeffer verkneten. Freihand oder mit der Burger-Presse bis zu sechs Burger-Patties à 200–220 g formen.

Den Radicchio sorgfältig putzen und die einzelnen Blätter entlang der Mitte etwas einschneiden. So lassen sie sich später schön flach drapieren. Radicchio, Birnenspalten und Bacon auf dem Grill kurz rösten.

Dann die Patties grillen. Wir gehen davon aus, dass sie nicht allzu dick sind, also reichen 1 ½–2 Minuten auf jeder Seite. Sobald eine Seite schön Farbe angenommen hat und nicht mehr auf dem Grillrost klebt, die Patties umdrehen und den Käse darauf verteilen. Während die zweite Seite der Patties Farbe annimmt, schmilzt der Käse. Die fertigen Patties ruhig etwas ruhen lassen.

Die Brötchen aufschneiden, die Schnittseite mit Butter bestreichen und auf dem Rost oder auf der Grillplatte toasten. Patties, Speck, Birnen und Radicchio jeweils auf die untere Brötchenhälfte stapeln, die Patties draufsetzen. Die obere Hälfte nach Wunsch mit Trüffelmayo bestreichen, dann die oberen Brötchenhälften auflegen und die Burger sofort servieren.

Tipp

Für eine superschnelle Trüffelmayonnaise braucht ihr lediglich eine gute Mayo (am besten natürlich selbst gemacht) und Sommertrüffel aus dem Glas. Letztere einfach superfein hacken und unter die Mayo heben, dann das Ganze 1–2 Stunden im Kühlschrank ziehen lassen.

EINFACHE GRILL-GERICHTE UND KLASSIKER

IN DIESEM KAPITEL FINDET IHR KLASSISCHE UND EINFACHE GRILLGERICHTE AN WILDFLEISCH ADAPTIERT.

TOMAHAWK-STEAKS VOM HIRSCH

Auf die Frage, wie denn Hirschfleisch schmeckt, antworten wir stets: »Richtig gut!« Unserer Meinung nach schmeckt Hirsch clean, leicht metallisch und nach rotem Fleisch. Deshalb passen natürlich pikante Chutneys mit roten Beeren oder Früchten perfekt dazu, aber auch sauer Eingelegtes sowie kräftige Aromen von Grillgemüse.

FÜR 4 PERSONEN

ZUTATEN

4 Tomahawk-Steaks vom Hirsch (etwa 3–4 cm dick, à 350 g)

Salz, schwarzer Pfeffer aus der Mühle

FÜR DIE HEIDELBEER-PICKLES

800 g Heidelbeeren

3 frische Lorbeerblätter (optional)

1 Zimtstange (optional)

150 ml Essig

60 g Zucker

AUSSERDEM

1 sterilisiertes Einmachglas mit Twist-off-Deckel (1 l)

FÜR DAS GRILLGEMÜSE

3–4 kleinere rote Spitzpaprika

1–2 Fenchelknollen

ZUBEREITUNG

Mit den Heidelbeeren beginnen: Die Beeren gründlich waschen, vorsichtig trockentupfen und zusammen mit Lorbeer und Zimt (falls verwendet) in ein sterilisiertes Einmachglas geben. Den Essig mit 100 ml Wasser in einem Topf aufkochen und den Zucker in der heißen Flüssigkeit sorgfältig auflösen.

Den kochend heißen Sud über die Heidelbeeren gießen, sodass alles bedeckt ist, aber das Glas nicht ganz bis zum Rand füllen. Das Glas sofort fest verschließen, dann auf den Deckel drehen und so auskühlen lassen. Nach dem Abkühlen wieder umdrehen. Die fertigen Beeren an einem kühlen und dunklen Ort 1–2 Wochen durchziehen lassen.

Die Grillplatte für direktes Grillen auf hoher Temperatur vorheizen (250–300 °C). Paprika und Fenchel putzen und in Stücke schneiden. Fingermöhren und Petersilienwurzeln schälen und halbieren, die Zwiebel abziehen und in Spalten schneiden. Den Knoblauch abziehen, durchpressen und mit etwas Salz und etwas Öl in eine Schüssel geben. Das Gemüse hinzufügen und alles sorgfältig mischen, bis Knoblauch und Salz gut am Gemüse haften. Das so vorbereitete Gemüse auf dem Grill goldbraun braten, es sollte aber noch etwas Biss behalten. Das fertige Gemüse vom Grill nehmen und warm halten.

8 Fingermöhren
3–4 Petersilienwurzeln
1–2 große rote Zwiebeln
8 Knoblauchzehen
Salz
1 Bund Minze
1 Bund Majoran
1 Handvoll grüne Oliven
10 EL Bratöl
1 TL abgeriebene Schale von einer unbehandelten Zitrone

Während das Gemüse gart, die Kräuter und die Oliven fein hacken und mit etwas Öl in einer kleinen Schale vermengen. Die abgeriebene Zitronenschale hinzufügen.

Die Hirschsteaks auf dem Grill über direkter Hitze von jeder Seite gut 3–4 Minuten scharf anbraten (geöffneter Deckel) und danach indirekt bei geschlossenem Deckel garen, bis eine Kerntemperatur von 54–58 °C erreicht ist.

Das Grillgemüse auf Teller verteilen. Jeweils ein Steak darauflegen und mit dem Kräuteröl beträufeln. Mit Salz und Pfeffer würzen. Die Heidelbeer-Pickles als Sauce reichen.

TOMAHAWK-STEAKS VOM WILDSCHWEIN

Auch Tomahawk-Steaks werden aus dem Rücken geschnitten, allerdings mit dem Rippenknochen. Wir haben lange gesucht, um einen Metzger zu finden, der diesen Cut für uns macht, da der Zuschnitt recht aufwendig ist. Aber: Es lohnt sich! Durch den Rippenknochen mit dem umliegenden Fleisch und den kleinen Fettdeckel wird ein Tomahawk-Steak supersaftig und macht auch optisch einiges her. Wenn ihr einen ganzen Rückenstrang inklusive Rippenbögen bekommt, könnt ihr die Steaks auch selbst schneiden.

ZUTATEN

1–3 Tomahawk-Steaks pro Person (je nach Alter und Gewicht des Wildschweins kann die Größe stark variieren)

Meersalzflocken

schwarzer Pfeffer aus der Mühle

ZUBEREITUNG

Den Grill auf mittlere Hitze (200–250 °C) vorheizen und die Medaillons bei direkter Hitze von beiden Seiten grillen, bis eine Kerntemperatur von 65–70 °C erreicht ist. Bei einer höheren Kerntemperatur trocknet das Fleisch zügig aus. Wir meinen, vorsichtiges Würzen mit Salzflocken und Pfeffer reicht völlig aus.

Tipp

Kurzgebratenes vom Wildschwein sollte von einer leichten, frischen Beilage begleitet werden. So eignen sich diese Gerichte auch perfekt für den Sommer. Die Zeiten, in denen Wild nur im Herbst und zur Weihnachtszeit auf den Tisch kam, sind vorbei! Unser Favorit als sommerliche Begleitung ist ein typisch amerikanischer Coleslaw (siehe Seite 41). Auch Kartoffel-Zucchini-Spieße und Wildsauce passen dazu.

WILDSCHWEINSTEAKS

Steaks aus der Wildschweinkeule eignen sich perfekt zum kurzen Grillen – mit einer einfachen Marinade oder alternativ nur mit Salz und Pfeffer gewürzt. Das Fleisch ist wunderbar saftig und mild.

FÜR 1 PERSON

ZUTATEN

2–3 Steaks (etwa daumendick geschnitten)

FÜR DIE MARINADE

1 Knoblauchzehe

2 EL Olivenöl

2 EL Honig

Salz

schwarzer Pfeffer aus der Mühle

ZUBEREITUNG

Für die Marinade die Knoblauchzehe abziehen und hacken, dann mit Öl und Honig verrühren und mit Salz und Pfeffer würzen. Die Steaks mindestens 2 Stunden vor dem Grillen darin einlegen.

Den Grill auf mittlere Temperatur (200–250 °C) vorheizen und die Steaks grillen, bis sie auf beiden Seiten gleichmäßig gebräunt sind. Wir empfehlen, das Fleisch nicht komplett durchzugaren. Eine Kerntemperatur von 63 °C ist perfekt, damit das Fleisch noch leicht rosa bleibt.

Die fertig gegarten Steaks 10 Minuten mit Alufolie bedeckt ruhen lassen. Sie verlieren kaum an Flüssigkeit und Größe. Wer mag, kann die Steaks nach der Ruhezeit noch für ein paar Sekunden auf den Grill legen, damit sie außen wieder schön heiß sind. Dazu passst ein Gemüse aus Stangenbohnen und Paprika.

Tipp

Genau wie Hüftsteaks lassen sich auch Medaillons vom Wildschwein super auf dem Grill zubereiten. Je dicker das Fleisch ist, desto geringer sollte die Temperatur sein. Die Medaillons werden aus dem Rücken geschnitten und sollten 3–4 cm dick sein. Ihr könnt den Wildschweinrücken auch im Ganzen grillen und anschließend in Medaillons schneiden. Gerade dann lohnt sich ein Fleischthermometer!

BEILAGENTIPP: AMERKANISCHER COLESLAW

ZUTATEN

1 Karotte

½ Weißkohl oder Spitzkohl

¼ Rotkohl

½ Zwiebel

FÜR DAS DRESSING

100 g Mayonnaise

etwas Crème fraîche

2 EL Zucker

1 Schuss Milch

1 Schuss Sahne

½ EL Essig

1 EL Apfelessig

etwas grobkörniger Senf

Paprikapulver

Salz

schwarzer Pfeffer aus der Mühle

ZUBEREITUNG

Die Karotte schälen und zusammen mit dem Weißkohl und dem Rotkohl (für die Farbe) in dünne, streichholzgroße Streifen schneiden – je feiner, desto besser wird das Ergebnis. (Am besten geht das auf der Aufschnittmaschine oder mit einem Gemüsehobel.) Die Gemüsestreifen in eine Schüssel geben. Die Zwiebel abziehen, fein hacken und dazugeben.

Für das Dressing die Mayonnaise mit den übrigen Zutaten verrühren. In die Schüssel geben und alles gut vermengen. Den Salat mit Salz und Pfeffer abschmecken und noch etwa einen halben Tag im Kühlschrank ziehen lassen.

BEILAGENTIPP: SCHNELLE PILZPFANNE

ZUTATEN

500 g braune Champignons (oder Pilze nach Wahl)

2 Knoblauchzehen

1 Zwiebel

20 g Butter

1 unbehandelte Zitrone

etwas Petersilie und Schnittlauch

ZUBEREITUNG

Die Pilze säubern und in Scheiben schneiden. Knoblauch und Zwiebel abziehen und fein würfeln. Die Butter in einer Pfanne erhitzen. Pilze, Knoblauch und Zwiebel darin kurz scharf anbraten. Danach bei etwas reduzierter Temperatur unter regelmäßigem Wenden einige Minuten weiterbraten. Zum Schluss die Pilze mit einem Spritzer Zitronensaft und etwas abgeriebener Zitronenschale abschmecken. Petersilie und Schnittlauch hacken und die fertige Pilzpfanne vor dem Servieren damit bestreuen.

WILDSCHWEINFILET MIT GRÜNEM SPARGEL

ZUTATEN

4 Wildschwein-Innenfilets
Olivenöl
2 Schalotten
Schnittlauch
Petersilie
Meersalzflocken
schwarzer Pfeffer aus der Mühle
1 kg grüner Spargel
Zahnstocher, Küchengarn

ZUBEREITUNG

Die Filets mit etwas Olivenöl bestreichen, dann der Länge nach auf-, aber nicht durchschneiden.

Die Schalotten abziehen und fein hacken, Schnittlauch und Petersilie ebenfalls fein hacken und mit etwas Olivenöl, Salzflocken und Pfeffer vermengen. Das Gemisch auf die Innenseiten der Filets auftragen und diese anschließend mit Zahnstochern und Küchengarn wieder verschließen.

Den Grill auf etwa 230 °C vorheizen, dabei einen Bereich für indirekte Hitze vorbereiten.

Die Filets von jeder Seite bei direkter Hitze 2 Minuten grillen, dann im indirekten Grillbereich fertig garen, bis eine Kerntemperatur von etwa 63 °C erreicht ist.

Die Spargelstangen in Olivenöl wenden, mit Pfeffer würzen und bei direkter Hitze grillen. Zum Schluss mit Salzflocken bestreuen.

Die Filets kurz ruhen lassen, dann mit dem Spargel servieren.

GEGRILLTE REHSCHULTER

Rehschulter, oder auch Rehblatt, lässt sich gut im Ganzen grillen. Eine Schulter reicht für vier Personen. In der Regel wird sie mit Knochen zubereitet, und sie sollte langsam gegart werden.

FÜR 4 PERSONEN

ZUTATEN

1 Rehschulter mit Knochen

FÜR DIE MARINADE

4 EL Olivenöl

1 EL Senf

2 EL Honig

2 EL Zitronensaft

Zucker

Salz

schwarzer Pfeffer aus der Mühle

1 Bund Rosmarin

1 Bund Thymian

2 Knoblauchzehen

ZUBEREITUNG

Für die Marinade das Öl mit Senf, Honig und Zitronensaft verrühren. Anschließend mit Zucker, Salz und Pfeffer abschmecken. Sowohl die Kräuterzweige wie auch die Knoblauchzehen mit dem Rücken eines breiten Messers abklopfen, damit ätherische Öle und Aromen freigesetzt werden, dann im Ganzen in die Marinade geben. Mindestens 6 Stunden ziehen lassen.

Die Rehschulter mit der Marinade einreiben und etwa 30 Minuten ziehen lassen.

Den Grill auf etwa 230 °C vorheizen. Die Schulter auf dem Rost von beiden Seiten jeweils 4 Minuten über direkter Hitze grillen. Danach in der indirekten Zone des Grills bei etwa 130 °C unter gelegentlichem Wenden fertig garen. Das Fleisch nach Bedarf immer wieder mit Marinade bestreichen. Nach etwa 1 ½ Stunden ist die Schulter fertig. Am besten mit einem Fleischthermometer die Kerntemperatur messen – die optimale Temperatur liegt bei etwa 60 °C. Die Rehschulter vor dem Anschneiden noch etwa 10 Minuten abgedeckt ruhen lassen.

FEINE WILDBRATWURST MIT CURRY-MANGO-SAUCE

Ein Klassiker und der perfekte Einstieg für alle, die sich vorsichtig an Wild heranwagen möchten. Wildbratwürste bestehen in der Regel aus Wildschweinfleisch oder aus einer Mischung aus Wildschwein und Reh. Mit einer Curry-Mango-Sauce die perfekte Variante für sommerliche Grillabende.

FÜR 6 PERSONEN

ZUTATEN

6–12 Wildbratwürste (siehe Seite 174)

FÜR DIE CURRY-MANGO-SAUCE

400 g Kirschtomaten (frisch oder aus der Dose)

½ reife Mango

1 Schalotte

1 Knoblauchzehe

15 g frischer Ingwer

Öl zum Anbraten

1 TL brauner Zucker

½ TL Paprikapulver (süß oder scharf)

100 ml Gemüsefond

1 TL gelbe Currypaste

1 TL Madras- oder englisches Currypulver

Salz

schwarzer Pfeffer aus der Mühle

ZUBEREITUNG

Die Kirschtomaten vierteln. Die Mango schälen und das Fruchtfleisch vom Kern schneiden. Das Fruchtfleisch fein hacken und zur Seite stellen. Schalotte und Knoblauch abziehen, den Ingwer schälen und alles fein würfeln.

In einem Topf etwas Öl erhitzen. Schalotte, Knoblauch und Ingwer darin bei mittlerer Temperatur anschwitzen. Den Zucker dazugeben und leicht karamellisieren. Das Paprikapulver hinzufügen, dann die Tomatenviertel und den Gemüsefond. Die Tomaten kochen lassen, bis sie zerfallen.

Mit einem Stabmixer die Sauce pürieren. Nun die Currypaste und die fein gehackte Mango unterrühren. Die Sauce mit Currypulver, Salz und Pfeffer abschmecken. Absolut klasse zu einer feinen Wildbratwurst und ein guter Start für Wild-Skeptiker!

Die Bratwürste auf dem Grill bei etwa 200 °C direkter Hitze unter regelmäßigem Wenden zubereiten, dann mit der Sauce servieren.

ORIENTALISCHE REHSPIESSE

Auf den ersten Blick vielleicht etwas ungewöhnlich, aber wir haben es getestet: Wild und orientalische Gewürze passen perfekt zusammen! Der kräftige, leicht süßliche Wildgeschmack lässt sich wunderbar mit persischen oder israelischen Gewürzmischungen kombinieren.

FÜR 4 PERSONEN

ZUTATEN

800 g Rehrücken

2 EL Olivenöl

orientalische Gewürzmischung nach Wahl (etwa Baharat, Garam Masala oder Za'atar)

GRILLGERÄT

Holzspieße

ZUBEREITUNG

Den Rehrücken in dünne Streifen schneiden, etwas Olivenöl einmassieren und dann das Fleisch rundum mit der gewählten Gewürzmischung bestreuen. Das Fleisch zickzackförmig auf die Spieße schieben.

Den Grill auf hohe Temperatur (250–300 °C) vorheizen – die Spieße müssen nur kurz scharf angebraten werden. 3 Minuten von jeder Seite reichen.

Tipp
Die Holzspieße vor dem Grillen 30 Minuten in Wasser legen, damit sie beim Grillen nicht verbrennen.

GANZE REHKEULE

Zumindest eine tiefgekühlte Rehkeule dürfte auch im Sommer problemlos zu bekommen sein, denn die gesetzliche Jagdzeit für Rehwild erstreckt sich von Anfang Mai bis Ende Januar. Ob mit oder ohne Knochen – so eine Keule eignet sich super zum langsamen Grillen. Im Handel findet man oft Teilstücke wie Oberschale und Unterschale. Je nach Personenzahl könnt ihr dann das passende Stück auswählen.

FÜR 6–8 PERSONEN

ZUTATEN

1 ganze Rehkeule (mit Knochen, etwa 2 kg)

½ Tasse Olivenöl

Salz

schwarzer Pfeffer aus der Mühle

Gewürzmischung nach Wahl (optional)

ZUBEREITUNG

Die Rehkeule 1 Stunde vor dem Grillen aus dem Kühlschrank nehmen. Falls nötig, die Silberhaut entfernen. Das Olivenöl in das Fleisch einmassieren, die Keule mit Salz, Pfeffer und eventuell mit weiteren Gewürzen nach Wahl einreiben.

Den Grill auf 230 °C vorheizen und die Keule von beiden Seiten ein paar Minuten angrillen. Danach die Temperatur auf etwa 130 °C reduzieren und eine ausreichend große Zone für indirektes Grillen schaffen. Unter gelegentlichem Wenden die Keule bei geschlossenem Deckel etwa 1 ½ Stunden grillen. Mit einem Fleischthermometer die Kerntemperatur messen: Der perfekte Gargrad ist bei etwa 57 °C bis maximal 65 °C erreicht. Nicht länger auf dem Rost lassen, denn eine Rehkeule ist sehr mager und wird daher schnell trocken, wenn sie zu stark durchgegart wird.

Wenn die Kerntemperatur erreicht ist, die Keule vom Grill nehmen und abgedeckt noch etwa 10 Minuten ruhen lassen, bevor sie serviert wird.

BEILAGEN-TIPP: GEBRATENER ROSENKOHL MIT SPECK

ZUTATEN

750 g Rosenkohl

Salz

100 g durchwachsener Speck (oder Wildschinken)

2 EL Butter (oder Rinderfett)

schwarzer Pfeffer aus der Mühle

Muskat (optional)

ZUBEREITUNG

Den Rosenkohl putzen und die äußeren Blätter entfernen. Den Strunk jedes Röschens kreuzweise einschneiden – so gart er gleichmäßig. Den Rosenkohl in kochendem gesalzenem Wasser etwa 10 Minuten bissfest garen.

Inzwischen Speck oder Wildschinken klein würfeln. Den Rosenkohl abtropfen lassen. In einer Pfanne Butter oder Rinderfett erhitzen. (Rinderfett statt Butter gibt dem Ganzen noch mal eine etwas kräftigere Note. Wir finden, das passt super zu Gegrilltem!)

Den Rosenkohl und etwas später den Speck hinzugeben. Unter gelegentlichem Schwenken den Rosenkohl noch einige Minuten anbraten, bis er gleichmäßig gebräunt und durchgegart ist. Er ist fertig, wenn er sich mit einem Messer mit geringem Widerstand aufspießen lässt. Den fertigen Rosenkohl mit Salz, Pfeffer und eventuell etwas Muskat würzen.

BEILAGENTIPP SWEET POTATO WEDGES

ZUTATEN

1 kg Süßkartoffeln

3 Knoblauchzehen

einige Zweige Thymian oder Rosmarin

2 EL Olivenöl

Salz

schwarzer Pfeffer aus der Mühle

ZUBEREITUNG

Die Süßkartoffeln gründlich waschen und in Spalten schneiden. Den Knoblauch abziehen und fein hacken, die Kräuter ebenfalls fein hacken und alles zusammen mit den Süßkartoffelspalten in eine Schüssel geben. Gründlich mit dem Olivenöl vermengen und großzügig mit Salz und Pfeffer würzen. Eine ofenfeste Form mit Backpapier auslegen und die Wedges flach in der Form verteilen.

Den Grill auf 200 °C vorheizen. Eine Zone für indirektes Grillen vorbereiten. Die Süßkartoffeln im geschlossenen Grill bei indirekter Hitze 10–12 Minuten garen, dabei hin und wieder den Gargrad kontrollieren.

Tipp
Mit etwas Naturjoghurt, Limettensaft und ein paar gehackten Kräutern könnt ihr ganz einfach einen Dip dazu machen: Den Joghurt mit den Kräutern verrühren und vorsichtig Limettensaft hinzugeben, bis ihr den gewünschten Säuregrad erreicht habt. Falls der Dip zu sauer gerät, mit etwas Zucker neutralisieren.

BLACKENED T-BONE-STEAKS VOM HIRSCH

Schwarz, würzig, saftig. »Blackened« ist eine populäre Zubereitungsart aus den amerikanischen Südstaaten, für die Fisch (etwa Kabeljau) oder Fleisch mithilfe eines kräftigen Gewürz-Rubs veredelt wird. Damit sieht alles aus wie ein über Holzkohle gegrilltes Stück Fleisch.

FÜR 4 PERSONEN

ZUTATEN

4 T-Bone-Steaks vom Hirsch (etwa 3 cm dick)

500–750 g Butter

FÜR DIE EINGELEGTEN PILZE UND ZWIEBELN

600 g kleine, feste Pfifferlinge

4 frische Lorbeerblätter (optional)

800 g kleine Perlzwiebeln

150 ml weißer Balsamico-Essig

150 ml Weißweinessig

120 g Zucker

FÜR DEN RUB

1 EL geröstete Kaffeebohnen

4 EL getrockneter Thymian

4 EL schwarze Pfefferkörner (mittelgrob gemahlen)

ZUBEREITUNG

Los geht's mit den eingelegten Pilzen: Die Pilze gründlich reinigen, in gleich große Stücke schneiden und in ein Einmachglas geben. Wer mag, kann zwei Lorbeerblätter hinzufügen. Den Balsamico mit 60 g Zucker und 100 ml Wasser aufkochen. Den kochend heißen Sud über die Pilze im Glas gießen. Das Einmachglas sofort verschließen und dann umdrehen, sodass das Glas auf dem Deckel steht. Die Pilze nach dem Auskühlen an einem dunklen und kühlen Ort 4 Wochen ziehen lassen.

Die Perlzwiebeln abziehen und vierteln, dann in das zweite Einmachglas geben. Wer mag, kann zwei Lorbeerblätter hinzufügen. Den Weißweinessig mit 60 g Zucker und 100 ml Wasser aufkochen. Den kochend heißen Sud über die Pilze im Glas gießen. Das Einmachglas sofort verschließen und dann umdrehen, sodass das Glas auf dem Deckel steht. Die Zwiebeln nach dem Abkühlen an einem dunklen und kühlen Ort 2 Wochen ziehen lassen.

Für den Rub alle Zutaten in einen Mörser geben, sorgfältig mit dem Stößel mischen und möglichst gleichmäßig und nicht zu fein zerstoßen. Zwei Drittel der Würzmischung auf einen Teller streuen, den Rest im Mörser beiseitestellen.

1 EL Zwiebelpulver

1 EL Knoblauchpulver

1 TL Salz

1 TL brauner Zucker

1 TL Cayennepfeffer

1 TL geräuchertes Paprikapulver

1 TL getrockneter Oregano

1 TL getrocknetes Basilikum

½ TL frisch geriebene Muskatnuss (optional)

½ TL gemahlener Kreuzkümmel (optional)

AUSSERDEM

2 sterilisierte Einmachgläser mit Twist-off-Deckel (1 l)

Das Fleisch rechtzeitig aus dem Kühlschrank nehmen. Sehr gut abtupfen und ruhen lassen, bis es Zimmertemperatur angenommen hat. Währenddessen den Grill auf 200–250 °C vorheizen und die Butter in einem Topf langsam erwärmen. Zum Klären der Butter den aufsteigenden Schaum mit einer Schaumkelle sorgfältig abnehmen, bis die Butter klar ist und nicht mehr sprudelt. Die so geklärte Butter nun bei mittlerer bis hoher Temperatur erhitzen. Die Steaks einzeln und vorsichtig mit einer Küchenzange für 90 Sekunden in die heiße Butter tauchen, dann wieder herausziehen und in dem Rub wenden.

Die Steaks anschließend bei hoher Temperatur (250–300 °C) 3–4 Minuten von beiden Seiten auf dem Grill oder der Grillplatte grillen bzw. braten. Danach nehmen wir die Steaks vom Feuer und schlagen jedes Steak einzeln in Metzgerpapier ein und legen die Steaks in den 180 °C warmen Ofen oder an den Rand unseres Grills, bis eine Kerntemperatur von 54 °C erreicht ist.

Die fertigen Steaks dann auspacken und mit dem Rest des Rubs bestreuen. Zusammen mit den eingelegten Pilzen und Zwiebeln servieren.

Tipp
Dazu passt ein fruchtig-spritziges Pale Ale genauso gut wie trockener Mosel-Riesling.

BEILAGEN-TIPP: GETRÜFFELTES POPCORN MIT WILDSCHWEIN-BACON

Pommes oder Smashed Potatoes schmecken ja zu ziemlich allen Grillgerichten. Alter Hut. Die viel gesündere (#Scherz) Alternative ist unser getrüffeltes Popcorn mit Wildschwein-Bacon. Lasst euch überraschen!

FÜR 4 PERSONEN

ZUTATEN

- 3–4 TL Rapsöl (abhängig vom Durchmesser eures Dutch Oven)
- 1 Stück Wildschweinspeck (ohne Fleischanteil)
- 60 g Popcorn-Mais (unser Foodie-Tipp: Nehmt weißen Zucker- bzw. Süßmais!)
- 1 ehrliches Stück Butter
- 2 EL Trüffelöl
- 1 EL Trüffelsalz
- 1 TL schwarzer Pfeffer aus der Mühle

GRILLGERÄT

Dutch Oven

ZUBEREITUNG

Das Rapsöl im Dutch Oven (er sollte nicht zu klein sein, damit der Mais nicht gedämpft, sondern im heißen Fett gebraten wird) erhitzen und den Wildschweinspeck darin auslassen. Was vom Speck übrig bleibt, herausfischen und entsorgen. Um die Temperatur zu testen, zwei bis drei Maiskörner in den Topf werfen: Wenn sie sofort aufplatzen, könnt ihr etwas Trüffelöl und die restlichen Maiskörner hineingeben. Deckel drauf. Sobald die ersten Maiskörner poppen, den Dutch Oven vom Feuer nehmen. Die gespeicherte Hitze des gusseisernen Topfes sollte genügen, um die Maiskörner zum Platzen zu bringen. Sobald die Geräusche aus dem Topf verstummt sind, vorsichtig den Deckel abnehmen und das Popcorn einmal durchrühren, damit der Wasserdampf entweichen kann.

Im Topf ein wenig Platz schaffen. Die Butter und den Rest des Trüffelöls hineingeben und alles gut verrühren. Deckel drauf. Kurz vor dem Servieren das Popcorn mit dem Trüffelsalz und dem Pfeffer bestreuen.

Das Popcorn ist gelungen, wenn die Fingerchen glänzen und eure Gäste nach einer Extraportion verlangen.

GEGRILLTER REHRÜCKEN MIT NUSSKRUSTE

Ein Reh- oder Hirschrücken ist ein Festtagsschmaus. Das Fleisch ist superzart und fein im Geschmack. Dazu ein schönes Glas Rotwein oder ein Altbier.

FÜR 2 PERSONEN

ZUTATEN

4 Rehrücken-Medaillons à 60–70 g

3 Prisen Salz

2 Prisen gemahlener Sichuanpfeffer

1 Prise Kräuter der Provence

50 g brauner Zucker

FÜR DIE NUSS-KRUSTE

125–150 g Butter

1 Eigelb (Größe L)

1 TL getrockneter Thymian

1 EL Wacholderbeeren, gemahlen

60 g Haselnusskerne

20 g Walnusskerne

20 g Maronen, gegart und geschält

50 g Semmelbrösel

Salz

schwarzer Pfeffer aus der Mühle

ZUBEREITUNG

Für die Nusskruste die Butter mit dem Eigelb, dem Thymian und dem Wacholder schaumig schlagen. Die Nüsse und die Maronen fein malen, dann in der Pfanne rösten und abkühlen lassen. Mit den Semmelbröseln sowie etwas Salz, dem braunen Zucker und Pfeffer unter die Butter heben. Die Masse in einen Gefrier- oder Frischhaltebeutel füllen und mit dem Nudelholz gleichmäßig ausrollen, dann kühl stellen.

Die Medaillons mit Salz, Sichuanpfeffer und Kräutern der Provence würzen. Den Grill auf 230–250 °C vorheizen. Die Medaillons von jeder Seite 1–2 Minuten in der Pfanne, auf der Feuer- oder Grillplatte scharf anbraten. Damit das Fleisch nicht auf dem Grill klebt, kann man die Flächen zuvor mit Öl einreiben. Unser Tipp jedoch ist, den Rost oder die Grillplatte wirklich heiß werden zu lassen und das Fleisch nicht beim ersten Reflex umzudrehen. Lasst dem Fleisch etwas Zeit, sodass die sogenannte Maillard-Reaktion einsetzen kann, ihr werdet sehen. Dann auf eine kühlere Stelle des Grills schieben und das Fleisch bei indirekter Hitze ziehen lassen, bis es eine Kerntemperatur von ca. 55 °C erreicht hat. Keine Angst, Reh- und Hirschfilet schmecken auch medium rare!

Die Nussbutter in passende Stücke schneiden. Die Medaillons damit belegen und kurz bei geschlossenem Deckel erhitzen. Als Beilagen passen Zuckerschoten, mit Speck gebratener Rosenkohl (siehe Seite 48), Smashed Potatoes und als Sauce natürlich reichlich Reh- oder Wildjus (siehe Seite 24) sowie Preiselbeeren dazu.

SALTIMBOCCA VOM WILDSCHWEINRÜCKEN

Dieses Gericht - oder sollten wir besser sagen, dieser Fleisch-Happen - ist etwas für den kleinen Hunger zwischendurch, während der Grill hochheizt, oder für den Pit-Master als Stärkung bei einem echten Long Job.

FÜR 2–4 PERSONEN

ZUTATEN

600 g Wildschweinrücken

Parmaschinken (in superdünnen Scheiben, in Streifen geschnitten)

8–10 Salbeiblätter (je nach Größe)

60 g Butter

1 EL Olivenöl

Salz

schwarzer Pfeffer aus der Mühle

100 ml Riesling (halbtrocken, Mosel)

ZUBEREITUNG

Den Wildschweinrücken in 6-7 cm dicke Scheiben schneiden. Die Scheiben auf ein Schneidebrett legen und mit einem Stück Frischhaltefolie abdecken. Die Fleischstücke dann vorsichtig mit einem glatten Fleischklopfer (oder einer Bierflasche) flach klopfen. Dabei von der Mitte aus zum Rand hin arbeiten. Wenn das Fleisch dünn genug ist, jede Scheibe mit ein bis zwei Streifen Schinken sowie ein bis zwei Salbeiblättern belegen und alles mit einem Zahnstocher sichern.

In der Zwischenzeit den Grill bei geschlossenem Deckel auf moderate 100–120 °C vorheizen. Die gusseiserne Pfanne mit erhitzen. Drei Viertel der Butter und das Olivenöl in die Pfanne geben. Sobald die Butter geschmolzen ist, die Saltimboccas mit der Fleischseite in die Pfanne legen und 1 Minute anbraten. Dann vorsichtig wenden. Das Fleisch nicht zu lange garen, sonst wird es trocken, und der Schinken wird hart. Die Saltimboccas mit Salz und Pfeffer aus der Mühle würzen.

Das fertig gebratene Fleisch (gern rosa, also medium rare) aus der Pfanne nehmen und warm stellen, die Zahnstocher entfernen. Die Pfanne mit dem Wein ablöschen und die Bratrückstände mit einem Holzspatel lösen. Die Sauce noch 2-3 Minuten köcheln lassen, bis sie eindickt und seidig glänzt. Die Pfanne vom Grill nehmen und das letzte Stück Butter unter ständigem Rühren in der warmen Sauce auflösen.

Zum Servieren die fertigen Saltimboccas mit der Sauce übergießen und die Happen genießen, solange sie noch heiß sind. Dazu passen gekräuterte Schupfnudeln.

Tipp
Man kann das plattierte Fleisch auch mit Schinken und Salbei aufrollen. Das soll das Fleisch vor dem Austrocknen bewahren. Unsere Erfahrung zeigt aber, dass sich dann die Aromen nicht so schön in der Sauce wiederfinden, der Schinken eher roh bleibt und der Bratvorgang einen Tick länger dauert. Okay, um ehrlich zu sein, ist uns dieser Arbeitsschritt auch einfach zu viel und wir sind da eher »effizient« (#faul). Probiert es einfach selbst aus und berichtet!

REHRÜCKEN IN RINDE GEGRILLT

Jetzt wird's richtig gut! Von Rehrücken im Heubett oder Fischfilet auf der Zedernplanke hat fast jeder schon mal gehört. Ohne Frage, richtig lecker! Wir wollen mit euch jetzt rüber nach Australien reisen und bereichern euer Grillarsenal um die Rinde von *Melaleuca ericifolia*. Der Sumpf-Paperbark-Baum ist down under heimisch. Verwertbar sind Holz, Blätter, Rinde und Blüten, und wer sich etwas mit der Kultur der Aborigines beschäftigt, wird unweigerlich auf Rezepte und mannigfaltige Anwendungen stoßen. Wir nutzen hier die Rinde des Baums, um unserem Fleisch eine rauchige Note zu verleihen - das gelingt auf jedem schnöden Gasgrill, aber auch in einem gemauerten, holzbefeuerten Pizzaofen und ganz stilecht natürlich in einem Erdloch mit heißen Steinen aus der Feuerstelle.

FÜR 4 PERSONEN

ZUTATEN

- 2 Stücke Rehrücken ohne Knochen (zusammen etwa 800–1000 g)
- 2 Zweige Rosmarin
- 2 frische Lorbeerblätter
- 1 EL flüssiger Lindenblütenhonig
- Salz
- 1 TL Tasmanischer Bergpfeffer (frisch gemahlen; oder Sichuanpfeffer)
- 1 EL abgeriebene Schale von einer unbehandelten Zitrone
- 1 EL abgeriebene Schale von einer unbehandelten Orange
- 1 EL Pflanzenöl

ZUBEREITUNG

Die Rinde vorsichtig unter fließendem Wasser reinigen und anschließend einige Minuten wässern. Das Fleisch und die Kräuter ebenfalls unter kaltem Wasser abspülen. Während die Rinde einweicht, das Rehfilet trockentupfen, mit dem Honig einreiben und danach mit etwas Salz, dem Bergpfeffer sowie dem Zitronen- und Orangenabrieb würzen und zum Marinieren beiseitestellen.

Wenn die Rinde dunkler und deutlich elastischer geworden ist, die beiden Stücke vorsichtig trockentupfen und auf der Arbeitsfläche auslegen. Eine Seite der Rinde mit etwas Öl einreiben. Darauf jeweils die Hälfte der Strandsode (oder das Heu) und der Zimtblüten zusammen mit jeweils einem Rosmarinzweig und einem Lorbeerblatt verteilen. Auf dieses Bett jeweils einen Filetstrang legen. Die Rinde jetzt wie einen Burrito zusammenfalten: Die untere Kante nach oben umschlagen, beide Seiten darüberklappen, dann das Päckchen mit der verbleibenden oberen Kante abdecken. Wer mag, sichert das Ganze mit Küchengarn.

2 Handvoll Sea Blite (Strandsode; oder Bio-Kräuterheu)

1 EL Zimtblüten, grob zerstoßen

ZUBEHÖR

2 Stücke Paperbark-Rinde (40 x 70 cm, gibt es online bei einschlägigen Aussie-Shops wie bosfood.de oder BBQ-Shops zu kaufen)

Die fertigen Päckchen in den auf 200 °C vorgeheizten Garraum eures Grills, eures Ofens oder auf die vorgeheizten Steine in eurer Feuerstelle legen. Dabei darauf achten, dass das Fleisch lediglich indirekt gegart wird. Das Fleisch sollte nach rund 15–20 Minuten fertig sein und eine Kerntemperatur von etwa 54 °C erreichen.

Was erwartet euch? Erst mal etwas Aufregung, spätestens wenn ihr das Päckchen vorsichtig mit der Küchenschere aufschneidet. Dann ein superzartes Stück Rehfilet, das eine dezente Rauchnote abbekommen hat. Gleichzeitig sollte eine gewisse Zitrusnote wahrnehmbar sein, durch die blumigen Aromen der Strandsode (oder des Kräuterheus), die von Bergpfeffer, Honig und Zimtblüten abgerundet werden.

Tipps:
Die Paperbark-Rinde eignet sich auch für weißes Fleisch und festen, eher fettreichen Fisch. Was schmeckt als Beilage? Natürlich prima Grillgemüse, also bunte Karotten, Kürbis-Wedges oder diverse Kohlsorten und Süßkartoffeln, über und in der heißen Kohle geröstet.

Hinweis:
Für das Foodfoto haben wir das Fleisch im Bananenblatt gegrillt. Dazu 1 Packung Bananenblätter (erhältlich im Asia-Shop) verwenden. Zudem haben wir das Fleisch mit einer Nusskruste (siehe Seite 98) bestrichen.

REHRÜCKEN IM BANANENBLATT GEGRILLT

MR. CHOW'S NOT SO FAMOUS ROADKILL PHEASANT

MR. CHOW'S NOT SO FAMOUS ROADKILL PHEASANT

Clickbait pur! Wir hätten das Rezept auch Spatchcock-Fasan, platter Fasan oder Fasan »under the brick« nennen können. Aber »Roadkill« klingt schon irgendwie cooler, oder?! Mr. Chow wäre stolz auf uns!

FÜR 2 PERSONEN

ZUTATEN

1 küchenfertiger Fasan

FÜR DIE MARINADE

2 unbehandelte Limetten

6 Knoblauchzehen

1 daumendicke Galgant-Knolle (oder Ingwer)

1 Bund Koriander

2 Thai-Chilischoten oder rote Habanero-Chilis

50 g flüssiger Honig

1 EL Zucker

10 ml Fischsauce (etwa Red-Boat-40°N-Fish-Sauce)

100 ml Olivenöl

Salz

schwarzer Pfeffer aus der Mühle

ZUBEREITUNG

Die größte Challenge bei diesem Rezept ist es wahrscheinlich, einen ordentlichen Fasan zu bekommen. Dann muss das gute Stück grillfertig gemacht werden: Für den typischen Look[1] den Fasan mit der Brust nach unten auf ein Schneidebrett legen. Mit der Küchenschere das Rückgrat und den Hals des Tieres herausschneiden. Den Fasan aufklappen und vorsichtig biegen. Nun sollte bereits das Brustbein sichtbar werden. Es ist an der Kopföffnung noch mit einem Knorpel verbunden. Diesen durchtrennen und den Knochen etwas herausdrücken. (Entfernen würden wir das Brustbein nicht, weil es dem Fleisch mehr Stabilität verleiht und der Vogel so einfacher zu wenden ist.)

Zu guter Letzt den Fasan noch mit etwas Nachdruck flach drücken. Dabei liegt die Brust oben. Die Flügel klemmen wir ein, indem wir einen kleinen Cut unterhalb der Flügel machen und die Spitzen hier hineinstecken. So wird verhindert, dass die Spitzen auf dem Grill verbrennen.

Weiter geht es mit der Marinade: Die Schale von einer Limette dünn abschneiden, den Saft auspressen. Den Knoblauch abziehen und sehr fein hacken. Galgant (oder Ingwer) schälen und fein hacken. Den Koriander mitsamt den Stängeln fein hacken. Die Chilischoten entkernen und fein hacken. Alles zusammen mit den übrigen Zutaten für die Marinade sowie

Salz und Pfeffer nach Geschmack in einen großen Zip-Lock™-Frischhaltebeutel geben. Den Beutel schließen und alles vermischen, bis sich das Salz und der Zucker komplett aufgelöst haben. Etwas Marinade zum Servieren entnehmen. Danach den vorbereiteten Fasan in den Frischhaltebeutel geben. Vorsichtig die Luft aus dem Beutel drücken und den Beutel verschließen. Danach die Marinade gewissenhaft in das Fleisch massieren. Den Fasan über Nacht im Kühlschrank marinieren.

Am nächsten Tag den Holzkohlegrill gut vorheizen, mindestens 200 °C sollten es schon sein. Die glühende Holzkohle auf eine Seite des Grills schieben. So entsteht eine Fläche für direktes und indirektes Grillen. Den Fasan kurz abtropfen lassen und nochmals kräftig mit Salz und Pfeffer würzen. Auf die Seite des Rosts legen, wo keine Kohle liegt. Danach den Deckel schließen. Den Fasan immer wieder drehen, sodass jede Seite mal näher an der Kohle lag. Mit der Brustseite zum Schluss auf die heiße Seite legen, damit die typischen Grillstreifen entstehen und die Haut Farbe kriegt.

Nach 20–25 Minuten sollte der Fasan durchgegart sein. Wer auf Nummer sicher gehen will, verwendet ein Fleischthermometer. Die Kerntemperatur sollte 70–72 °C betragen. Dann braucht das Fleisch mindestens noch 10 Minuten Ruhezeit.

Während der Vogel chillt, die restliche Limette halbieren. Die Schnittflächen mit etwas Öl benetzen und dann auf dem Grill bräunen.

Zum Servieren den gegrillten Fasan auf einen schönen Teller legen und leicht mit dem Saft aus der gegrillten Limette und 1–2 EL eurer tollen Marinade beträufeln. Wer mag, dekoriert ihn noch mit Limettenscheiben, abzupften Korianderblättern, fein geschnittenen Frühlingszwiebeln und ein paar Chili-Ringen.

Wir essen zu diesem asiatisch angehauchten Vogel gern Salat oder aromatischen Basmati-Reis.

Tipp

In vielen Regionen gibt es spezialisierte Geflügelschlachter. Hier könnt ihr eure Fasane, Enten und Martinsgänse bestellen. Unserer Erfahrung nach übernehmen die Fachangestellten auch die ordnungsgemäße Zerlegung des Fleischs für euch.

[1] **https://www.youtube.com/watch?v=Ppa1bxB89vg**

GEGRILLTE WILDTAUBEN MIT KRÄUTERDRESSING

Wildtauben, wie die Ringeltaube oder die Hohltaube, schmecken fantastisch, und wir grillen sie unheimlich gern. Kleiner Tipp: Junge Tauben eignen sich besonders gut für die Zubereitung auf dem Grill, da ihr Fleisch schön zart ist. Taubenfleisch ist etwas fester als anderes Geflügelfleisch, wodurch sich eine geringfügig längere Garzeit ergibt. Bejagt werden darf die Taube vom 1. November bis zum 20. Februar.

FÜR 2–4 PERSONEN

ZUTATEN

- 4 küchenfertige junge Wildtauben
- 8 Lorbeerzweige (oder Rosmarinzweige)

FÜR DIE WÜRZPASTE

- 1–2 Knoblauchzehen
- 2–3 TL Rapsöl
- 1 EL weiche Butter
- 2–3 Prisen fein gehackter Rosmarin
- 1–2 Prisen fein gehackter Thymian
- 2–3 Prisen fein gehackte Minze
- Salz
- grüner Pfeffer aus der Mühle

ZUBEREITUNG

Die Tauben vorbereiten wie für den Fasan auf Seite 59 beschrieben. Mit den Lorbeerzweigen Flügel und Keulen fixieren. Dazu einen Flügel oder eine Keule an einer geeigneten Stelle durchstechen, dann den Zweig auf der Rückseite entlangführen und entweder beide Flügel bzw. Keulen miteinander verbinden oder jeweils einen Flügel mit der gegenüberliegenden Keule.

Für die Würzpaste den Knoblauch abziehen und fein hacken. Mit dem Öl und der Butter vermischen, dann die Kräuter unterrühren und das Ganze mit Salz und Pfeffer würzen. Die Würzpaste sorgfältig in das Fleisch einmassieren. Die Tauben können jetzt 1–2 Stunden im Kühlschrank marinieren.

In der Zwischenzeit das Dressing zubereiten: Die Zitrone halbieren, auf der Schnittseite während der Grill hoch heizt grillen, dann den Saft auspressen. Knoblauch und Schalotten abziehen und fein hacken. Die Kräuterblätter ebenfalls fein hacken. Die Oliven entkernen und fein hacken. Alles mit den Kapern und dem Olivenöl vermischen, dann das Dressing ebenfalls kalt stellen.

FÜR DAS KRÄUTER-DRESSING

1 Zitrone

1 große Knoblauchzehe

2–3 Schalotten

1 Handvoll glatte Petersilie

1 kleine Handvoll Minze

1 kleine Handvoll milde grüne Oliven

1 EL Kapern in Lake, abgetropft

Olivenöl

Den Holz- oder Gasgrill auf 180–200 °C bei geschlossenem Deckel vorheizen. Wie bei dem Fasan empfehlen wir euch auch hier, das Geflügel nur bei indirekter Hitze zu grillen. Da die Würzpaste relativ viel Fett enthält, empfiehlt es sich, eine Grillschale mit etwas Wasser zu füllen und unter den Grillrost, dort, wo keine Kohle liegt, zu stellen. Das Fleisch sollte eine Kerntemperatur von mindestens 65 °C (rosa) oder bis zu 75 °C (durchgegart) erreichen. Achtet ein wenig darauf, dass das Fleisch beim Grillen nicht anbrennt, da es schnell bitter schmeckt. Vielleicht müsst ihr hierzu das Fleisch hin und wieder zur Hitzequelle hin- oder wegdrehen. Falls die Tauben außen schon gut gebräunt, aber noch nicht ganz durchgebraten sind, einfach in Alufolie wickeln und im warmen Grill bei indirekter Hitze ziehen lassen, bis die gewünschte Temperatur erreicht ist. Zum Wenden oder Bewegen der Tauben am besten eine Zange verwenden, damit das zarte Fleisch nicht verletzt wird.

Die fertigen Wildtauben auf Teller verteilen und mit dem Dressing beträufeln. Als Beilage passt frisches Baguette, ein grüner Blattsalat sowie ein süffiges Helles oder naturtrübes Kellerbier.

GEGRILLTE WILDTAUBEN MIT KRÄUTERDRESSING

WILDTAUBEN MIT BIRNEN UND TRAUBEN

WILDTAUBEN MIT BIRNEN UND TRAUBEN

ZUTATEN

- 4 küchenfertige junge Wildtauben
- 2 dünne Scheiben Lardo (am besten vom Wildschwein)
- 2–3 TL Rapsöl
- reichlich Butter
- 1 Bouquet garni (Petersilie, Lorbeerblätter, Estragon und Thymian)
- 1 Sternanis
- 1–2 Knoblauchzehen, abgezogen und superfein gehackt
- 100 ml selbst gemachte Geflügelbrühe
- Portwein zum Ablöschen
- 2 Birnen, geschält, entkernt und geviertelt
- 1 Handvoll rote Weintrauben, halbiert
- Salz
- schwarzer Pfeffer aus der Mühle
- 1 Schuss Balsamico-Essig
- 1 Handvoll Walnüsse (geröstet und gehackt; optional)

ZUBEREITUNG

Die Tauben halbieren. Unterhalb der Brust jeweils die Haut vorsichtig einschneiden und behutsam vom Fleisch lösen. Den Lardo vierteln und jeweils ein Stück zwischen die Haut und das Fleisch schieben. Idealerweise bedeckt der Speck die Brust vollständig. Die Tauben mit etwas Rapsöl einreiben. Mit Salz und Pfeffer würzen.

Wir präparieren den Grill für das direkte und indirekte Grillen, indem wir die Holzkohle auf nur einer Seite des Grills anfeuern oder nur ein bis zwei der bis zu drei Gas-Pipes benutzen. Den Holz- oder Gasgrill heizen wir bei geschlossenem Deckel auf 180–200 °C vor. Gleichzeitig erhitzen wir darin auch die gusseiserne Pfanne. Sobald die Temperatur erreicht ist, schieben wir die heiße Pfanne vorsichtig in den kühleren Bereich des Grills.

Die vorbereiteten Tauben-Hälften grillt bitte von beiden Seiten auf dem heißen Rost kurz und scharf über direkter Hitze an. Sobald die Haut Farbe bekommen hat, legt ihr die Hälften in die noch heiße Pfanne, gebt nun etwa 80 g Butter dazu und lasst die Butter aufschäumen.

Die aufschäumende Butter großzügig über die Wildtauben geben. Sobald die Butter bräunlich wird und sich dunklere Schwebeteilchen bilden, könnt ihr das heiße Fett vorsichtig mit dem Löffel abschöpfen oder abgießen und ein frisches Stück Butter in die warme Pfanne geben. Das Bouquet garni, den Sternanis und den Knoblauch hinzufügen. Jetzt aufs Neue die Tauben mit der flüssigen Butter überziehen, bis die Butter wiederum dunkel wird. Nun sollte das Fleisch eine Kerntemperatur von rund 45–48 °C erreicht haben. Die Tauben aus der Pfanne nehmen, in Alufolie wickeln und bei indirekter Hitze auf die gewünschte Kerntemperatur (wir empfehlen 65–75 °C) kommen lassen.

Das Bratfett vorsichtig abgießen und die Pfanne auf direkter Hitze wieder auf den Grill stellen. Den Bratensatz in der Pfanne mit der Geflügelbrühe und einem Schuss Portwein ablöschen. Die Kräuter und Gewürze entfernen. Mit einem Holzschaber den Bratensatz vorsichtig vom Pfannenboden lösen. Die Birnenviertel kurz darin garen, bis sie weich sind; die Flüssigkeit reduziert dabei weiter. Anschließend die halbierten Weintrauben hinzufügen. Die Sauce mit Salz und Pfeffer aus der Mühle und etwas Balsamico-Essig abschmecken. Die Sauce ein letztes Mal kräftig aufkochen, damit der letzte Rest Alkohol und die bissige Säure verschwinden. Die Pfanne vom Grill nehmen und etwas abkühlen lassen. Weil wir bislang ja so wenig Butter verwendet haben, dürft ihr jetzt noch mal 1–2 Würfelchen kalte Butter in die Pfanne schmeißen und in die Sauce rühren. Nun sollte eine tiefrote, schimmernde und sämige Sauce vor euch stehen.

Die Sauce auf Teller verteilen und die Tauben daraufgeben. Die Trauben und Birnenviertel und nach Wunsch auch die gerösteten Walnusskerne rundherum verteilen. Als Beilagen passen Kroketten, blanchiertes oder gebackenes Gemüse (z.B. Mini-Pak-Choi). Dazu ein schönes, untergäriges Rotbier oder ein trockener Rotwein.

FASAN AUF DEM BIERTHRON

Hier thront ein Fasan und kein anonymer Gummiadler. Dieses supereinfache Grillrezept sollte einfach jeder kennen!

FÜR 2 PERSONEN

ZUTATEN

1 küchenfertiger Fasan (etwa 1 kg)

2–3 EL Öl

2–3 EL getrockneter Thymian

Salz

schwarzer Pfeffer aus der Mühle

1–2 Flaschen oder Dosen Pale-Ale-Craft-Bier

FÜR DIE SALZLAKE (OPTIONAL)

60 g Salz

50 g weißer Zucker

2–3 Lorbeerblätter

6 Wacholderbeeren

½ Karotte

1 Zweig Rosmarin

ZUBEHÖR

1 Redbull™-Dose (oder eine andere eher schmale, leere Dose)

Holzkohlegrill mit Deckel

Gasgrill mit Deckel

ZUBEREITUNG

Falls es sich bei eurem Fasan um einen echten Wildfang handelt, gönnt ihm ruhig eine Behandlung in einer Salzlake (Brine). Wichtig für Geflügel ist die richtige Salzkonzentration. Wir peilen einen Salzgehalt von maximal 6 % an, also 60 g Salz auf 1 l Wasser.

Das Salz und den Zucker in 1 l Wasser auflösen. In eine Schüssel oder einen größeren Zip-Lock™-Beutel gießen und den Fasan hineingeben und last, but not least die Aromaten hinzugeben. So vorbereitet, lagert er dann 6–8 Stunden an einem dunklen und kühlen Ort – im Kühlschrank oder im Winter auch auf dem Balkon.

Den Fasan und das Bier aus der Kühlung holen und beides auf Zimmertemperatur kommen lassen. Das dauert etwa 30–40 Minuten. Nur kein Stress. Währenddessen den Grill auf 180–200 °C vorheizen und eine Zone für indirektes Grillen schaffen.

Den Fasan mit dem Öl einreiben und dann in Thymian, Salz und Pfeffer wenden. Die Dose etwa zur Hälfte mit Bier füllen. Nun den Fasan auf die Dose setzen und beides auf die »kalte« Seite des Grills stellen. In aller Regel balancieren die herabbaumelnden Beine alles aus. Deckel zu und 30–40 Minuten warten. Nach der Garzeit den Fasan anschauen und entscheiden, ob der Vogel noch ein paar Minuten braucht bzw. ob ihr noch ein paar Kohlen nachlegen müsst.

Um ganz sicherzugehen, empfehlen wir euch den Gebrauch eines Fleischthermometers. Die Kerntemperatur sollte an der dicksten Stelle des Fasans rund 70–72 °C betragen.

Sobald das Fleisch die richtige Kerntemperatur erreicht hat, den Fasan vorsichtig vom Grill nehmen und dann vor dem Servieren mindestens noch 10–15 Minuten zugedeckt ruhen lassen. Wir wickeln unseren Fasan dafür in Papier ein und platzieren das Paket in einem lauwarmen Ofen (80 °C) oder noch besser in einer passiven Kühl- oder Warmhaltebox, wie die von YETI™, Petromax™ oder Coleman™.

REHRÜCKEN VOM GRILL

Es empfiehlt sich, beim Grillen von Rehrücken eine Grillplatte zu nutzen. Bei vielen Gasgrillmodellen ist diese bereits enthalten. Für den klassischen Holzkohlegrill gibt es im Zubehörhandel gusseiserne Grillplatten, die sich auf jeden Rost legen lassen. Der Vorteil der gusseisernen Platte besteht darin, dass sie die Hitze speichert und gleichmäßig abgibt. Der Rehrücken sollte ausgelöst werden und hat dann in der Regel eine Stärke, die dem dicken Ende eines normalen Schweinefilets entspricht. Den Rücken grillt man am besten am Stück.

FÜR 2 PERSONEN

ZUTATEN

1 Stück Rehrücken ohne Knochen (etwa 20 cm lang)

Salz

FÜR DAS KRÄUTERÖL

Olivenöl

Knoblauch

Basilikum (optional)

GRILLGERÄT

Grillplatte

ZUBEREITUNG

Etwas Olivenöl mit gehacktem Knoblauch und grob geschnittenem Basilikum vermischen und ziehen lassen.

Den Rehrücken damit einpinseln und etwas salzen. Das Fleisch auf den gut vorgeheizten Grillprost (220–250 °C) legen. Das Geräusch sollte an das Anbraten eines Steaks erinnern.

Je nach Dicke des Rehrückens gart man ihn von jeder Seite 2–3 Minuten – fertig. Das Fleisch darf von innen durchaus noch rosé sein. Wir finden: Von der Qualität und vom Geschmack her kann sich das so zubereitete Reh mit jedem Filetsteak messen.

GANZER REHRÜCKEN MIT DRY RUB

Ein ganzer Rehrücken gehört zu den leckersten und edelsten Fleischstücken, die wir uns vorstellen können. Das Fleisch ist kurzfaserig und besonders mager, und das Wildaroma ist zwar deutlich zu erkennen, aber auf keinen Fall unangenehm kräftig. Am besten schmeckt es medium-rare. Wenn ihr also nur durchgegartes Fleisch mögt, ist das hier nicht das Richtige.

FÜR 4 PERSONEN

ZUTATEN

1 ganzer Rehrücken ohne Knochen

½ Tasse Olivenöl

FÜR DEN DRY RUB

einige Wacholderbeeren

1 TL Butter

1 TL brauner Zucker

1 TL weißer Zucker

1 TL Knoblauchpulver

1 TL Zwiebelpulver

getrockneter Thymian

Cayennepfeffer

Chiliflocken

Salz

schwarzer Pfeffer aus der Mühle

Tipp

Wenn ihr aus dem Rehrücken Medaillons schneiden wollt, dann nach dem Grillen. So bleibt das Fleisch deutlich saftiger. Auch ein ganzer Rehrücken im Speckmantel ist der Hammer.

ZUBEREITUNG

Als Erstes den Dry Rub zubereiten: Die Wacholderbeeren mit der flachen Seite des Messers zerdrücken (das geht leichter, wenn man sie in einen kleinen Frischhaltebeutel gibt) und anschließend hacken. Dann mit den übrigen Zutaten vermengen. Die Thymian- und Wacholdernote erzeugt einen waldigen Geschmack, der ideal zu Wild passt.

Den Rehrücken sorgfältig von Silberhaut und Sehnen befreien, falls nötig. Dann den ganzen Rückenstrang mit Olivenöl einreiben. Wenn das Öl überall verteilt ist, den Rub rundum in das Fleisch einmassieren. Hier gilt: Viel hilft viel! Den Rücken dann in Frischhaltefolie wickeln und mindestens 1 Stunde im Kühlschrank ruhen lassen.

Das Fleisch rechtzeitig aus dem Kühlschrank nehmen, damit es sich vor dem Grillen wieder auf Zimmertemperatur erwärmen kann. Nur dann entsteht außen eine schöne Kruste, während es innen perfekt gart.

Den Grill auf mindestens 220 °C vorheizen. Rehrücken sollte heiß und kurz gegrillt werden. Den Rücken auf den Rost legen und 5–8 Minuten von einer Seite grillen, je nach Dicke des Fleischstücks. Der Deckel bleibt offen. Dann das Fleisch wenden und von der anderen Seite ebenfalls 5–8 Minuten grillen. Währenddessen nicht bewegen, dann entsteht ein schönes Grillmuster. Scharfes Angrillen sorgt dafür, dass das Fleisch innen schön saftig bleibt.

Der Rehrücken sollte medium rare, maximal medium gegrillt werden. Wir empfehlen eine Kerntemperatur von 55–57 °C. Das Fleisch nach dem Grillen noch 10 Minuten abgedeckt ruhen lassen. Dann aufschneiden und anrichten.

Tipp

Eigene Rubs zu mischen, ist uns manchmal zu aufwendig. Zum Glück gibt es auch tolle Fertigprodukte. Empfehlen können wir zum Beispiel die Rubs von Pfeffersack & Soehne, einer kleinen Gewürzmanufaktur aus Koblenz.

FÜR POSER: TATAR VOM REHFILET

Der Rücken gehört schon zu den edelsten Cuts beim Rehwild. Wenn ihr mal richtig angeben wollt, bereitet ihr auf die gleiche Art und Weise die Filets vom Reh zu. Während der Rücken den oberen Muskelstrang rund um die Wirbelsäule darstellt, liegen die Filets im hinteren Drittel der Wirbelsäule unterhalb des Rückens. Sie sind deutlich kleiner, aber mindestens genauso zart und edel. Die beiden Filets eines Rehs reichen allerdings kaum für zwei Personen. Deshalb bietet sich statt der gegrillten Variante etwas ganz Besonderes an: Tatar vom Rehfilet.

Dieses Gericht ist etwas für alle, die nicht vor kräftigem Wildgeschmack zurückschrecken und gerne Ungewöhnliches ausprobieren. Rohes Wildfleisch könnt ihr durchaus verzehren, solltet hier aber besonders auf Herkunft, Frische und sorgfältige Verarbeitung achten. Tiefgekühltes Fleisch ist dafür nicht zu empfehlen.

FÜR 2 PERSONEN

ZUTATEN

2 Rehfilets
3–4 Wacholderbeeren
fein gehackte Nadeln von 1 Zweig Rosmarin
Thymian
2 EL Olivenöl
Salz
schwarzer Pfeffer aus der Mühle

ZUBEREITUNG

Die Rehfilets möglichst fein würfeln. Die Wacholderbeeren mit der flachen Seite des Messers zerdrücken, dann fein hacken und mit Kräutern und etwas Olivenöl vermischen. Das Tatar damit vermengen und mit Salz und Pfeffer würzen.

Dazu passt eine süße Begleitung wie Preiselbeeren - der Klassiker zu Wild.

WRAP MIT REHRÜCKEN

ERGIBT 4–6 WRAPS

ZUTATEN

½ Rehrücken ohne Knochen
Olivenöl zum Bestreichen
Salz
2 Romanasalatherzen
Parmesan
4–6 Tortilla-Wraps
2 Tomaten
500 g Guacamole
schwarzer Pfeffer aus der Mühle

ZUBEREITUNG

Den Grill auf mindestens 220 °C vorheizen. Den Rehrücken mit etwas Öl einreiben, mit Salz würzen und etwa 3–4 Minuten von jeder Seite grillen. Danach bei reduzierter Temperatur noch kurz weitergaren, bis eine Kerntemperatur von 55 °C erreicht ist. Das Fleisch sollte medium bis medium rare sein. Danach mit Alufolie abdecken und mindestens 10 Minuten ruhen lassen.

Die Salatherzen halbieren und mit Olivenöl bestreichen. Vorsichtig auf dem Grill ein paar Minuten anrösten, dabei regelmäßig wenden. Die Salatherzen auf einen Teller legen und etwas Parmesan darüberreiben. Das Fleisch nach der Ruhezeit in dünne Streifen schneiden.

Die Tortilla-Wraps auf dem Grill von jeder Seite 2 Minuten anwärmen. Die Tomaten fein würfeln und zusammen mit der Guacamole auf den Wraps verteilen. Den angerösteten Salat und die Fleischstreifen hinzugeben und mit Salz und Pfeffer nach Geschmack würzen. Die Wraps dann eng zusammenrollen und zum Servieren in der Mitte schräg durchschneiden. Wenn ihr sie zu voll gepackt habt (was wir empfehlen), hilft Alufolie oder Küchengarn, um sie zusammenzuhalten.

WILDSCHWEIN-FAJITAS

Fajitas stammen ursprünglich aus der Grenzregion im Südwesten von Texas. Traditionell wird dafür gegrilltes Rindfleisch verwendet, genauer das Skirt Steak. Dieser »Throw-away-Cut« wurde damals mehr oder weniger als Schlachtabfall angesehen, und die Cowboys bekamen ihn kostenlos – heute gilt das Skirt Steak als Special Cut. Fajitas zeichnen sich durch eine fruchtig-frische Schärfe aus, die sich auch ideal mit Wild kombinieren lässt. Wir verwenden in diesem Gericht Wildschweinrücken oder Steaks aus der Keule. Rehrücken funktioniert genauso gut.

BEILAGENTIPP: BIRNEN-PREISELBEER-MAYO

Klassische Wildgerichte kennen viele noch mit Birne und Preiselbeeren. Die Kombination eignet sich in etwas modernisierter Form perfekt für eine Mayo, etwa um die Wildburger zu verfeinern.

ZUTATEN

1 Ei

1 TL Senf

1TL weißer Balsamico-Essig

1 Prise Salz

1 Prise weißer Pfeffer aus der Mühle

1 kleine Prise Zucker (optional)

250 ml Öl (am besten Rapsöl)

½ in Weißwein pochierte Birne

2 TL Preiselbeeren

ZUBEREITUNG

Wichtig: Alle Zutaten sollten vor der Zubereitung Zimmertemperatur erreicht haben, sonst funktioniert es nicht!

Ei, Senf, Essig, Salz, Pfeffer und Zucker (falls gewünscht) der Reihe nach in einen Mixbecher oder ein Glas geben. Das Öl dann langsam dazugießen und mit dem Pürierstab für ein paar Sekunden am Boden des Gefäßes die Zutaten mixen, dann langsam nach oben ziehen. Die Masse zieht zu einer cremigen Mayo an.

Die pochierte Birne und die Preiselbeeren zu einem feinen Püree mixen und unter die Mayonnaise ziehen.

ERGIBT 4–6 WRAPS

ZUTATEN

500 g Wildschweinrücken ohne Knochen (oder Steaks aus der Keule)

1 EL brauner Zucker (optional)

4–6 kleine Tortilla-Wraps

1 Zwiebel

2 rote Paprikaschoten

1 rote Chilischote (Jalapeño, Habanero oder Chipotle), von den Samen befreit

1 Tomate

1 unbehandelte Limette

FÜR DIE MARINADE

1 Knoblauchzehe

1 Handvoll Korianderblätter

2 EL Sojasauce

2 EL Olivenöl

Salz

schwarzer Pfeffer aus der Mühle

ZUBEREITUNG

Zuerst die Marinade zubereiten: Die Knoblauchzehe abziehen und zusammen mit dem Koriander fein hacken. Mit Sojasauce und Olivenöl vermengen und mit Salz und Pfeffer würzen.

Vom Wildschweinrücken die Silberhaut entfernen, falls nötig. Die Marinade gründlich in das Fleisch einmassieren. Das Fleisch mindestens 1–2 Stunden im Kühlschrank ruhen lassen. Vor dem Grillen rechtzeitig wieder herausholen, damit es sich auf Zimmertemperatur erwärmen kann. Wer mag, bestreut es vor dem Grillen mit dem braunen Zucker.

Den Grill auf 200–250 °C vorheizen und die Steaks oder den Rücken erst scharf von allen Seiten angrillen, danach bei indirekter Hitze auf eine Kerntemperatur von 55–59 °C bringen und anschließend 10 Minuten ruhen lassen.

In der Zwischenzeit die Zwiebel abziehen und hacken, Paprikaschoten, Tomate und Chili fein würfeln und alles in einer Schüssel mit etwas Limettensaft vermengen.

Die Tortilla-Wraps von jeder Seite auf dem Grill kurz anrösten. Das Fleisch in Streifen oder dünne Scheiben schneiden und zusammen mit dem Gemüse auf den Wraps anrichten.

Wer mag, reibt noch etwas Limettenschale darüber.

WILDSCHWEIN-FAJITAS

WILDES PULLED PORK AUS DEM DUTCH OVEN

WILDES PULLED PORK AUS DEM DUTCH OVEN

Ein Rezept für alle, die keinen Smoker im Garten oder auf dem Balkon stehen haben, aber dennoch Lust auf ein saftiges Pulled Pork. Wenn ihr es schafft, euren Holzkohle- oder Gasgrill lange genug bei gleichbleibend niedriger Temperatur zu betreiben, bekommt ihr ein leckeres wildes Pulled Pork auch im Bräter oder Dutch Oven hin. Auf den typischen Rauchgeschmack müsst ihr leider verzichten, es sei denn, ihr versucht es mit Raucharoma oder Rauchsalz. Für dieses Rezept solltet ihr unbedingt ein Fleischthermometer verwenden. Genaue Mengenangaben sind hier schwierig – es hängt alles von der Größe der Wildschweinschulter und eures Dutch Oven ab.

FÜR 2 PERSONEN

ZUTATEN

1 Wildschweinschulter mit Knochen (Keule funktioniert auch)
Olivenöl
Salz
Pfeffer
Dry Rub nach Wahl
Zwiebeln
Knoblauchzehen
Karotten
helles Bier
Rotwein
Ahornsirup

ZUBEREITUNG

Die Wildschweinschulter einen Tag vor der Zubereitung waschen und trockentupfen, dann Silberhaut sowie Sehnen entfernen. Das Fett darf dranbleiben. Das Fleisch mit Olivenöl bestreichen und großzügig mit Salz, Pfeffer und dem Rub einreiben.

Das Fleisch anschließend vakuumieren oder in Frischhaltefolie wickeln und mindestens 12 Stunden im Kühlschrank ruhen lassen.

Den Grill auf etwa 110–130 °C vorheizen. Zwiebeln und Knoblauch abziehen, die Karotten schälen und alles in grobe Stücke schneiden. Bier, Wein und das Fleisch bereitstellen. Den Dutch Oven mittig auf dem Grill platzieren und etwas Olivenöl hineingeben. Zwiebeln, Knoblauch und Karotten darin ein paar Minuten anschwitzen, dann mit einer halben Flasche Bier und einem guten Schuss Rotwein ablöschen. Achtung: Das Gemüse sollte nicht vollständig von Flüssigkeit bedeckt sein, damit das Fleisch obenauf liegt. Nun die Wild-

TIPP

Zum Wildschwein passen gut Rubs mit Wacholderbeeren, Pfeffer, Muskatblüte, Koriandersaat, Zimt, Ingwer – gerade wenn ihr das Rezept im Winter zubereiten möchtet. Ein klassischer Pulled Pork Rub funktioniert genauso.

GRILLGERÄT

Dutch Oven

schweinschulter auf das Gemüse legen und mit etwas Ahornsirup bestreichen.

Den Deckel des Dutch Oven aufsetzen, den Grill schließen und das Fleisch langsam garen, bis eine Kerntemperatur von 90 °C erreicht ist. Vermeidet es wenn möglich, während der Garzeit den Grill zu öffnen, um den Garprozess nicht zu unterbrechen. Am besten zwei Fleischthermometer verwenden: Eines wird mittig ins Fleisch gesteckt, um die Kerntemperatur zu messen. Das andere misst die Temperatur des Grills. Diese sollte möglichst stabil gehalten werden.

Die Garzeit kann je nach Dicke des Fleischstücks stark variieren. 5–7 Stunden sind leicht drin. Wenn das Fleisch die gewünschte Kerntemperatur erreicht hat, den Dutch Oven vom Grill nehmen und das Fleisch herausnehmen. Es sollte dann mindestens noch 15–20 Minuten abgedeckt ruhen. Danach das Fleisch vom Knochen lösen und mit zwei Gabeln in kleine Streifen teilen. Wir empfehlen, es mit einer BBQ-Sauce und Preiselbeeren zu vermengen. Wir servieren es meistens mit Burger-Buns und Coleslaw (siehe Seite 41).

HIRSCH-SCHASCHLIK

FÜR 4 PERSONEN

ZUTATEN

1 kg Hirschkeule ohne Knochen
2 rote Paprikaschoten
2 Zwiebeln
150 g durchwachsener Speck

FÜR DIE MARINADE

2 Knoblauchzehen
1 Zwiebel
100 ml Rotwein
2 EL Ahornsirup
1 Flasche dunkles Bier
1 EL Worcestersauce
3 Lorbeerblätter
7 Pimentkörner
5 Gewürznelken
Salz
schwarzer Pfeffer aus der Mühle

GRILLGERÄT

Grillspieße (am besten aus Metall)

ZUBEREITUNG

Die Marinade am Vortag zubereiten: Zuerst die Knoblauchzehen und eine Zwiebel abziehen und (nicht zu fein) würfeln. Rotwein und Ahornsirup in einen Topf geben und unter gleichmäßigem Rühren aufkochen. Das Bier, die Worcestersauce, Zwiebel und Knoblauch sowie Lorbeerbätter, Piment und Gewürznelken nach Geschmack hinzugeben und bei geringer Temperatur verrühren. Mit Salz und Pfeffer abschmecken.

Das Fleisch waschen, trockentupfen und würfeln (etwa 4 x 4 cm). In einer großen Schüssel mit der abgekühlten Marinade vermengen und mindestens 12 Stunden ziehen lassen.

Den Grill auf ca. 200 °C vorheizen. Dabei einen Bereich mit geringer Temperatur herstellen. Währenddessen die Paprikaschoten in Stücke schneiden, zwei Zwiebeln je nach Größe achteln oder vierteln. Den Speck in dicke Streifen schneiden. Fleisch, Paprika, Zwiebeln und Speck abwechselnd auf die Grillspieße schieben.

Die Spieße auf dem Rost bei geringer Temperatur etwa 25–30 Minuten grillen, dabei häufig wenden. Wer ein Fleischthermometer verwendet: 60 °C Kerntemperatur sind ideal.

Wir empfehlen dazu eine süße BBQ-Sauce.

GRILLFACKELN VOM WILDSCHWEIN

FÜR 4 PERSONEN

ZUTATEN

mindestens 1 kg Wildschweinkeule (am besten Unterschale)

FÜR DIE MARINADE

Olivenöl

Paprikapulver, scharf

Zwiebelpulver

Knoblauchpulver

Salz

schwarzer Pfeffer aus der Mühle

GRILLGERÄT

Holzspieße

ZUBEREITUNG

Die Holzspieße wässern, damit sie auf dem Grill nicht verbrennen.

Das Fleisch sollte idealerweise leicht gefroren sein, dann lässt es sich leichter schneiden. Die Silberhaut gründlich entfernen und das Fleisch in dünne, etwa 2 cm breite und 15 cm lange Streifen schneiden. Am besten verwendet man dazu eine Schneidemaschine. Das untere Ende der Fleischstreifen jeweils auf einen Holzspieß stecken und das Fleisch um den Spieß wickeln. Das obere Ende ebenfalls feststecken. Falls nötig, mehrere Fleischstreifen verwenden, um jeden Spieß vollständig zu umwickeln.

Die Zutaten für die Marinade vermengen und die Spieße darin einlegen. Mindestens 2 Stunden ziehen lassen.

Den Grill auf mindestens 230 °C vorheizen und die Fackeln unter regelmäßigem Wenden etwa 10 Minuten garen.

LAMMLACHSE VOM MUFFLON

Lammlachse sind die ausgelösten Teilstücke vom Lammrücken. Eine besondere Variante sind die Lammlachse der Mufflons. In Deutschland kommen diese Wildschafe verhältnismäßig selten vor. Das Fleisch ist also nicht so leicht zu bekommen, aber es lohnt sich, danach zu suchen, wenn ihr diese Delikatesse probieren wollt. In Rheinland-Pfalz zum Beispiel gibt es Bestände an der Mosel sowie in der Vulkaneifel. Die Zutatenliste bei diesem Gericht ist ziemlich kurz. Hier solltet ihr euch voll und ganz auf den Fleischgeschmack konzentrieren.

FÜR 2 PERSONEN

ZUTATEN

2 Lachse vom Mufflon-Lamm
Olivenöl
Salz
schwarzer Pfeffer aus der Mühle

ZUBEREITUNG

Das Fleisch waschen und die Silberhaut entfernen, falls nötig.

Die Lammlachse leicht mit Olivenöl bestreichen und mit Salz und Pfeffer würzen.

Den Grill auf 240–280 °C vorheizen. Die Lammlachse bei direkter Hitze von beiden Seiten je 2–3 Minuten scharf angrillen.

Die Grilltemperatur dann auf maximal 120 °C herunterregeln und das Fleisch bei indirekter Hitze weitergaren, bis eine Kerntemperatur von 56 °C erreicht ist. Vor dem Servieren einige Minuten ruhen lassen.

BEILAGENTIPP: GEBRATENE SELLERIEWÜRFEL

FÜR 4 PERSONEN

ZUTATEN

1 Knolle Sellerie

100 g durchwachsener Speck

Olivenöl

1 Zweig Rosmarin

Muskatnuss

Salz

schwarzer Pfeffer aus der Mühle

40 g Parmesan

ZUBEREITUNG

Den Sellerie schälen, dabei braune, erdige Stellen entfernen. Den Sellerie in etwa 1 cm große Würfel schneiden. Den Speck fein würfeln.

Das Olivenöl in einer Pfanne erhitzen und die Selleriewürfel darin scharf anbraten. Nach etwa 5 Minuten den Speck hinzugeben und mitbraten.

Die Selleriewürfel etwa 15–20 Minuten braten, bis sie gar, aber noch bissfest sind. Die Temperatur sollte so hoch wie möglich sein, um Röstaromen zu erzeugen. Das Ergebnis sollte am Ende an Bratkartoffeln erinnern. Wenn die Würfel zu dunkel werden, die Temperatur schrittweise reduzieren.

Gegen Ende die Rosmarinnadeln abzupfen, mit den Würfeln vermengen und noch etwas mitbraten.
Zum Schluss die Selleriewürfel mit etwas Muskatnuss, Salz und Pfeffer würzen und vor dem Servieren ein wenig Parmesan darüberreiben.

LAMMLACHSE
VOM MUFFLON

SMOKEN

WIE BEFEUERT MAN EINEN SMOKER?

Wenn die Suche nach dem richtigen Modell erfolgreich war, stellt sich bald die Frage, womit man einen Smoker befeuert. Auch hier gibt es die Qual der Wahl. Grundsätzlich kann man jegliches Laubholz verwenden, am besten jedoch Harthölzer. In keinem Fall Nadelhölzer nutzen, weil sich die im Holz enthaltenen Harze und Öle negativ auf den Fleischgeschmack auswirken und durchaus auch gesundheitsschädlich sein können.

Da wir hier einen Einblick in das Grillen von heimischem Wild geben und das Thema Nachhaltigkeit für uns eine wichtige Rolle spielt, sind natürlich heimische Hölzer erste Wahl. Breit verfügbar dürften Buche und Eiche sein, die sich beide bestens zum Smoken eignen. Aromatische Obsthölzer wie Kirsche sind ebenfalls sehr beliebt, leider jedoch nicht so oft verfügbar.

Im Internet findet man eine Vielzahl von Vorschlägen für weitere Hölzer, etwa Hickory, Pekannuss, Mesquite oder sogar Chips von ausgedienten Whiskeyfässern. Sicherlich lässt sich damit einem Stück Fleisch eine markante Note verleihen, ob sie jedoch dem heimischen Wild geschmacklich noch etwas hinzufügen können, weiß ich nicht. Deswegen denke ich, man sollte sich zu Beginn auf das Smoken selbst konzentrieren - ob und wie man später die geschmacklichen Nuancen ausarbeitet, bleibt dann jedem Einzelnen überlassen.

Unabhängig von der Holzsorte gilt es, Folgendes grundsätzlich zu beachten: Das Holz sollte abgelagert und damit trocken sein; normales Kaminholz mit einer Lagerzeit von mindestens zwei bis drei Jahren ist für den Smoker bestens geeignet. Das Kaminholzscheit dann mit dem Beil nochmals spalten, bis Stücke mit einer Kantenlänge von 2-3 cm entstehen. Damit vergrößert man die brennbare Oberfläche und erzeugt mehr Hitze, um den Smoker auf Temperatur zu bringen. In der Regel reichen etwa 30 Minuten Vorlaufzeit mit entsprechendem Holzvorrat, um die Betriebstemperatur zu erzeugen.

Keine Angst, wenn das eingebaute Thermometer in der Anlaufphase mal auf 150 °C und mehr steigt. Einfach den Deckel des Feuerraums oder die Klappe oben am »Kamin« öffnen, um die Temperatur sehr schnell wieder zu reduzieren. Spätestens nach dem dritten oder vierten Versuch weiß man, welche Holzmenge für die optimale Temperatur erforderlich ist.

Hat man den Smoker dann auf seine Betriebstemperatur gebracht, kann man anschließend auch deutlich größere Holzstücke nutzen. Jetzt geht es ja lediglich darum, die Temperatur im Gerät zu halten, und je größer die Holzstücke, desto seltener muss die Brennkammer geöffnet werden.

Bei einer der Königsdisziplinen, dem Pulled Pork, das über 20 Stunden Garzeit in Anspruch nimmt, spielt die Größe der Holzstücke sogar eine entscheidende Rolle. Wenn sie groß genug sind, können zwei bis drei Stunden überbrückt werden, bevor nachgelegt werden muss. Solche Holzstücke kann man vorbereiten, deswegen sind Smoker mit automatischer Pelletbefeuerung für mich keine Alterative. Letztlich ist unser Fleisch ja auch ein Naturprodukt, und es hat sich den Einsatz am Smoker verdient.

Apropos öffnen: Niemals den Smoker nur zum Spaß öffnen, um den Gästen den Garzustand zu zeigen! Jeder Öffnungsvorgang beeinflusst die »eingestellte« Gartemperatur. Je weniger man die Klappe öffnet, umso stabiler bleibt die Gartemperatur, und das ist gut für das Ergebnis. Und letztlich steigert das natürlich auch die Spannung!

Grundsätzlich lässt sich sagen, dass der Smoker bei richtigem Einsatz gutmütig ist und auch Toleranzen in der Grillzeit nicht mit einem schlechten Ergebnis bestraft. Wer beim Steak auf dem Grill den richtigen Moment verpasst, hat richtig Pech. Beim Smoker dagegen kann man sich gemütlich zurücklehnen.

Stimmt die Fleischqualität, sind auch mal 30 Minuten Verzögerung keine Größe, die das Ergebnis nennenswert beeinflusst.

Wichtig: Fleisch, das über viele Stunden kontinuierlicher Hitze ausgesetzt war, braucht nach dem Grillvorgang vor dem Servieren eine Ruhezeit. Ich empfehle, jedes Stück nach der Garzeit mindestens 20–30 Minuten in Alufolie eingewickelt in einer Kühlbox oder einem anderen geschlossenen Behälter ruhen zu lassen. Und keine Sorge, dass es dabei zu stark abkühlt: Ein Stück Fleisch, das über fünf oder mehr Stunden kontinuierlich 120 °C ausgesetzt war, ist selbst nach 30 Minuten Ruhezeit noch so heiß, dass zum Anrichten das große Besteck benötigt wird. Die Ruhezeit sorgt dafür, dass sich das Fleisch beim Anschnitt so saftig präsentiert, wie man es sonst nur aus dem TV-Kochstudio kennt.

Wer also den Platz und die Zeit hat, einen Smoker in seine Grillwelt zu integrieren, darf sich wirklich freuen. Meinen werde ich sicher meinem Sohn vererben.

Tipp

Beim Fleisch solltet ihr darauf achten, möglichst Wild aus Deutschland zu kaufen. Hintergrund ist, dass es in Deutschland keine großflächige Gatterhaltung gibt. Hin und wieder sieht man ein kleines Damwildgehege, meistens in der Nähe eines gut laufenden Restaurants, wo es für den Eigenbedarf genutzt wird. Der weitaus größte Teil des deutschen Wildes wird aber durch die Jagd der Natur entnommen. Reh oder Rotwild zur Vermarktung im Gatter ist sehr selten. In anderen Regionen der Welt, vor allem in Osteuropa und Neuseeland, gibt es jedoch riesige Gatter, in denen Wild förmlich »gezüchtet« wird. Das »geschlachtete« Tier kommt dann zur Zerlegung oder bereits zerlegt als Tiefkühlware nach Deutschland.

Man könnte jetzt denken, Reh ist Reh – aber die Gatterhaltung hat mehrere entscheidende Nachteile, die sich auch auf den Geschmack des Fleischs

auswirken können. Im Gatter ist die Wilddichte so hoch, dass das natürliche Nahrungsangebot nicht ausreichend nachwächst und deshalb in vielen Fällen eine Zufütterung stattfindet. Je nachdem, was gefüttert wird, verändert sich der Geschmack des Fleischs. Ein begrenztes Nahrungsangebot führt dazu, dass sich ein Wildtier für die Nahrungssuche permanent bewegen muss – so schlafen Rehe, auch wegen ihrer natürlichen Feinde, maximal drei bis vier Stunden pro Tag. Die restliche Zeit ist das Wildtier in ständiger Bewegung, wodurch seine Muskulatur entsprechend ausgeprägt ist. Wird zugefüttert, legen die Tiere schneller an Gewicht zu, und das Muskelfleisch entwickelt sich anders als in der Natur. Und es ist fraglich, ob Gatterwild als nachhaltig eingestuft werden kann.

PULLED PORK VOM WILDSCHWEIN

Für die Zubereitung von Pulled Pork eignen sich beim Wildschwein grundsätzlich zwei verschiedene Fleischstücke: die Schulter und der Nacken. Da Wildschwein gegenüber seinem Verwandten, dem Hausschwein, deutlich weniger Wasser und Fett enthält, ist der Gewichtsverlust beim Smoken deutlich geringer. Das sollte bei der Größe der Portionen bedacht werden. In der Regel reichen 200-250 g pro Person.

Pulled Pork eignet sich hervorragend für Burger, die man mit einer Schicht Krautsalat belegt und dann mit Fleisch auffüllt. Selbst der hungrigste Gast wird spätestens nach dem zweiten Burger verzweifelt abwinken.

FÜR 10–12 PERSONEN

ZUTATEN

- 2–3 kg Wildschweinnacken oder -schulter am Stück
- Rub nach Wahl (optional)
- Knoblauch (optional)
- 3–4 TL grobes Meersalz
- 3–4 TL schwarzer Pfeffer aus der Mühle
- naturtrüber Apfelsaft (optional)

ZUBEREITUNG

Das Fleisch sorgfältig von der Silberhaut befreien. Wer schon einmal Spareribs zubereitet hat, wird das Prinzip kennen. Dabei entfernt man auf der Knochenseite die dünne Haut, damit es keine Barriere gibt, die das Eindringen des Rubs verhindert. Solche feinen Silberhäute gibt es beim Wildfleisch auch, sie sind hier in der Regel aber noch dünner und damit schwerer zu entfernen. Am besten geht das nach dem Abwaschen des Fleischs mit einem Stück Küchenpapier. Einfach das Papier zwischen die Finger nehmen und damit dann versuchen, die Haut abzuziehen.

Wenn ihr das Wild beim Metzger eurer Wahl »küchenfertig« kauft, sollte er das schon erledigt haben. Wer sein Fleisch vom Jäger bekommt, muss die Aufgabe oft selbst übernehmen. Aber egal wie, die Silberhaut muss so gut wie möglich entfernt werden.

Das Fleisch mindestens 24 Stunden vor dem Garen mit Salz und Pfeffer einreiben. Wer mag, kann auch Knoblauch verwenden oder einen Rub nach Wahl; die Schicht darf ruhig

1–2 mm dick sein. Dann das Fleisch fest mit Frischhaltefolie umwickeln und in den Kühlschrank legen. Nun hat der Rub genug Zeit zum Einziehen. Überflüssiger Rub löst sich später und bleibt in der Frischhaltefolie kleben.

Am nächsten Tag das Fleisch 1–2 Stunden vor dem Garen aus dem Kühlschrank holen, damit es Zimmertemperatur annehmen kann.

Den Smoker auf etwa 120 °C vorheizen. Es empfiehlt sich, das Fleisch mit einem Thermometer zu versehen. Hierzu eignen sich Modelle am besten, die sich über eine App steuern lassen und mit mehreren Fühlern mit einer Drahtverbindung ausgerüstet sind. So kann man die Temperatur an verschiedenen Stellen des Stückes kontrollieren, ohne den Smoker öffnen zu müssen. Gerade bei Gerichten wie Pulled Pork, die sich über 20 Stunden hinziehen können, erhöht das den Grillkomfort deutlich.

Am Ende sollte die Kerntemperatur bei etwa 93 °C liegen. Während des Garvorgangs bleibt die Temperatur bei etwa 70–75 °C stehen; das ist die sogenannte Plateauphase, in der das Fleischstück Wasser verliert, das eine kühlende Wirkung hat und den Temperaturanstieg verlangsamt. Die Phase kann mehrere Stunden dauern, beendet sich dann aber von selbst, und der Temperaturanstieg geht weiter. Wenn nun genau in dieser Phase die Außentemperatur durch Schnee oder Regen deutlich fällt, gart man nicht nur gegen die Plateauphase an, sondern auch gegen die sinkende Temperatur im Smoker. Aus persönlicher Erfahrung kann ich dann nur raten: Wenn keine Wetterbesserung zu erkennen ist, auf Wildschweinbraten umstellen, da die Kerntemperatur die hierfür notwendigen 75 °C bereits erreicht hat.

Nach dem Ende der Plateauphase, wenn die Temperatur wieder steigt, kann man das Fleisch gelegentlich mit Apfelsaft besprühen. Das verleiht der Kruste zusätzlichen Geschmack. Grundsätzlich sollte man Pulled Pork nicht aus dem Smoker holen, bevor es die richtige Kerntemperatur erreicht hat. Lieber eine Stunde länger garen als eine zu wenig – das Fleisch wird dadurch nicht trocken. Aus persönlicher Erfahrung kann ich nur sagen, dass Garzeiten über 20 Stunden keine Seltenheit sind; das hängt natürlich stark vom verwendeten Fleischstück ab.

Und eins ist tabu, bitte immer daran denken: Jeder, der euch am Smoker sieht und weiß, was ihr gerade zubereitet, möchte ihn natürlich öffnen, um den Garfortschritt zu bewundern. Das gilt es unbedingt zu unterbinden, auch wenn es schwerfällt! Bei jedem Öffnen verliert der Smoker die eingestellte Temperatur, und die muss sich danach erst wieder aufbauen. Deswegen sollte man den Smoker nur öffnen, um entweder das Fleisch zu drehen oder zu würzen oder auch mit Flüssigkeiten wie Apfelsaft zu besprühen. Deswegen auch das Thermometer mit den Drahtverbindungen und App-Steuerung – es sorgt dafür, dass man den Smoker nicht öffnen muss, um die Temperatur abzulesen.

Ist die Kerntemperatur von etwa 93 °C erreicht, das Fleisch aus dem Smoker holen und ruhen lassen. Dazu kann man es in Alufolie wickeln oder in einen geschlossenen Behälter wie eine Kühltasche packen. Die Ruhephase sollte mindestens 20 Minuten dauern. Keine

Sorge – ein Stück Wild, das über 20 Stunden im Smoker lag und eine Kerntemperatur von über 90 °C hat, kühlt nicht so schnell aus.

Nach der Ruhezeit gibt es mehrere Optionen: Entweder man schneidet das Fleisch in faustgroße Stücke, die dann jeder selbst mit zwei Gabeln zerkleinern kann und auf seinen Burger legt, oder man arbeitet sich von einer Seite des Fleischstücks zur anderen durch. Wenn das Wild den richtigen Garpunkt hat, bedarf es dazu keinerlei Kraftanstrengung – das Fleisch zerfällt fast von selbst.

Den Burger kann sich dann jeder je nach Hunger selbst belegen. Wer den typischen Rauchgeschmack liebt, nimmt mehr von der Außenkruste, wer das nicht so mag, konzentriert sich auf das Innere des Fleischstücks. Und so dürfte für jeden das Richtige dabei sein.

Da der Aufwand für Pulled Pork nicht unerheblich ist, gare ich immer so viel, wie in den Smoker passt – das können dann auch schon mal zehn oder zwölf Kilo sein. Erstens stellt sich der Hunger auch beim Essen ein, und zweitens lässt sich Pulled Pork, wenn es einmal zerkleinert ist, auch gut portionsweise einfrieren. Am besten vorab vakuumieren, beim Auftauen kann man dann ruhig auch warmes Wasser nutzen. Später kurz in die Mikrowelle – bitte nicht in den Backofen, dann wird das Fleisch trocken.

Tipps:
Der Smoker eignet sich grundsätzlich zur Zubereitung von Wildfleisch aller Art, ob Wildschwein, Hirsch oder Reh. Lediglich Rub, Garzeit und Kerntemperatur unterscheiden sich. Die Gartemperatur liegt mit 120 °C für alle Stücke auf dem gleichen Niveau.
Folgende Kerntemperaturen sollten erreicht werden:

Rehkeulen	55–59 °C
Rotwildkeulen	58–62 °C

Rehrücken oder andere Edelteile von Hirsch oder Reh sollte man eher auf dem Grill zubereiten, da die Stücke in der Regel nicht sehr dick sind.

Vom Wildschwein kann man deutlich mehr Stücke im Smoker zubereiten, da das Fleisch einen höheren Fettgehalt besitzt und die Stücke auch mehr Volumen aufweisen.
Die notwendigen Kerntemperaturen beim Wildschwein liegen bei:

Wildschweinkeule	75–78 °C
Wildschweinnacken	75–78 °C
Wildschweinschulter	75–78 °C

WILDSCHWEINRIPPCHEN MIT APFELSAFT VOM SMOKER

Im Gegensatz zum Hausschwein ist das Wildschwein nicht auf eine möglichst hohe Fleischmenge gezüchtet worden, deshalb solltet ihr euch gedanklich darauf einstellen, dass die Rippchen keinen großen Fleischanteil haben. Das heißt aber nicht, dass es vom Wildschwein keine nutzbaren Rippchen gibt. Da der Knochenanteil hier allerdings deutlich höher ist, kann man gut 500 g pro Portion rechnen.

Die beste Mischung aus Fleisch- und Fettanteil hat die Rippe unmittelbar unter dem Rücken. Und das Wildschwein sollte schon eine gewisse Größe haben - 40 kg und mehr nach dem Aufbrechen sind eine gute Basis. Spareribs vom Wildschwein sind schwierig, da der Fleischanteil am unteren Rippchen nachlässt.

FÜR 2–3 PERSON

ZUTATEN

850 g Wildschweinrippchen
Rub aus Paprikapulver, Korianderpulver, grobem Salz, Cayennepfeffer und braunem Zucker
naturtrüber Apfelsaft

ZUBEREITUNG

Die auf der Rückseite des Rippchenbogens befindliche Silberhaut entfernen. Danach die Rippchen würzen - jetzt kann der Rub noch trocken sein und mit der Hand ins Fleisch einmassiert werden. Später sollte man ihn dann mit etwas Apfelsaft streichfähig machen.

Es gibt Menschen, die Rippchen vorkochen, um das Fleisch zarter zu bekommen. Klare Aussage: Suppe wird gekocht, Rippchen nicht. Ein gutes Rippchen mit entsprechendem Fettanteil wird nie trocken, allerdings muss es auch der richtige Schnitt sein.

Den Smoker auf 110–120 °C vorheizen. Bei dieser Temperatur sollte man von 3–4 Stunden Garzeit ausgehen. Während des Smokens die Rippchen von beiden Seiten mehrfach mit dem Rub einpinseln, etwa ein Mal pro Stunde. Zum Schluss, etwa 1 Stunde bevor die Rippchen fertig sind, reinen Apfelsaft auf die Rippchen sprühen, möglichst fein.

Der natürliche Zuckeranteil sorgt dann dafür, dass der Apfelsaft auf dem Fleisch karamellisiert und ein leicht süßlicher Geschmack entsteht.

Den richtigen Garpunkt kann man an zwei Indizien erkennen: Das Fleisch zieht sich beim Garen etwas zusammen, sodass die Knochenenden etwas mehr zu sehen sind als vor dem Garen; hebt man den Rippchenbogen an und er droht auseinanderzufallen, ist das Fleisch genau richtig.

REHKEULE AUS DEM SMOKER

Obwohl die Rehkeule deutlich weniger Fettanteil hat als Wildschwein, lässt sie sich trotzdem hervorragend im Smoker zubereiten. Um die Keule nach dem Garen besser tranchieren zu können, empfiehlt es sich, vorher den Knochen zu entfernen. Bei im Handel gekauftem Reh ist das in der Regel der Fall; kommt das Stück vom Jäger eurer Wahl, bittet ihn, den Knochen zu entfernen.

Wer ein scharfes Messer und keine Angst vor einem tiefen Schnitt hat, bekommt das aber auch selber hin: Zuerst möglichst mit einer flexiblen Klinge das Fleisch rund um den Knochen lösen und den Knochen entfernen. Im ersten Moment mag es so aussehen, als hätte man damit den Braten komplett ruiniert, aber keine Angst – gerubt und später gesmoked sieht das schon ganz anders aus. Nicht vergessen, die weißen Silberhäutchen zu entfernen, falls nötig. Auch hier kann man sich in Details verlieren; wichtig ist, die Haut vor allem dort zu entfernen, wo sie besonders dick erscheint und sich gut abziehen lässt. Ich benutze dazu Küchenpapier, weil man damit besser greifen kann. Die Haut verhindert, dass der Rub ins Fleisch zieht.

Tipp
Es versteht sich von selbst, dass wir auch bei der Wahl unserer Platten zum Anrichten auf nachhaltige Materialien setzen. Das Holzbrett ist für Wild Pflicht.

FÜR 6 PERSONEN

ZUTATEN

1 Rehkeule ohne Knochen (etwa 1,5 kg)

grobes Meersalz

schwarzer Peffer aus der Mühle

Rub nach Wahl

etwas Thymian oder Rosmarin (optional)

ZUBEREITUNG

Die Rehkeule mindestens 1 Tag vor der Zubereitung mit Rub einreiben. Wer zum ersten Mal eine Rehkeule auf dem Smoker zubereitet und den vollen Wildgeschmack erleben möchte, dem empfehle ich als Rub nichts anderes als gemahlenes Meersalz und schwarzen Pfeffer. Beides dann aber in ausreichender Menge, sodass die Keule überall gleichmäßig bedeckt ist. Danach in Frischhaltefolie einwickeln und mindestens 1 Nacht im Kühlschrank ruhen lassen. Man kann aber auch zu fertigen Rubs greifen – Magic Dust habe ich schon mal ausprobiert und war positiv überrascht.

Am nächsten Tag die Folie entfernen. Die Keule hat in der Nacht »geschwitzt«, und viel vom Rub wird an der Frischhaltefolie kleben bleiben. Wenn nötig, das Fleisch kurz mit Küchenpapier abtupfen und noch mal mit etwas Rub bestreuen. Jetzt muss die Keule Zimmertemperatur annehmen, und dann kommt sie auf den vorgeheizten Smoker. Thermometer nicht vergessen und jetzt bei 120 °C smoken, bis eine Kerntemperatur von 55–59 °C erreicht ist. Das wird in der Regel 3–5 Stunden dauern; nach etwa 2 Stunden kann man die Keule dann wenden, damit auch die Oberseite die geschmacksintensive Smokerkruste erhält.

Das Fleisch aus dem Smoker nehmen, sobald es die richtige Kerntemperatur erreicht hat, und vor dem Anschneiden 10–15 Minuten ruhen lassen.

Ob man alles richtig gemacht hat, erfährt man bereits beim ersten Anschnitt – dann sollte nämlich Fleischsaft aufs Holzbrett laufen. Den optimalen Garpunkt hat man erreicht, wenn das Stück farblich einem medium gebratenen Steak ähnelt. Die Keule in etwa 1 bis maximal 2 cm dicke Scheiben schneiden und servieren.

WILDSCHWEINRIPPCHEN MIT APFELSAFT VOM SMOKER

REHKEULE AUS DEM SMOKER

DIE GROSSE SAUEREI: EIN GANZES WILDSCHWEIN AUF DEM SMOKER

Grundsätzlich limitiert euer Smoker die Größe des Wildschweins, das ihr zubereiten könnt; mehr als 20 kg grillbares Fleisch sollten es aber meiner Meinung nach nicht sein. Danach werden die Garzeiten sehr lang. Bei der Zubereitung im Smoker kann man von etwa 1 Stunde Garzeit je Zentimeter Fleischdicke ausgehen. Hat die Hinterkeule, beim Wildschwein das Stück mit dem höchsten und dicksten Fleischanteil, 10 cm Durchmesser, so sollte man mit 5 Stunden rechnen, denn die Hitze wirkt ja von beiden Seiten ein.

Am besten eignen sich Frischlinge, Tiere mit einem Alter bis zu einem Jahr oder Überläufer mit maximal zwei Jahren. Durch das gute Nahrungsangebot kann es ein Frischling heute durchaus schon auf 30 kg Lebendgewicht bringen.

FÜR ETWA 20 PERSONEN

ZUTATEN

1 Wildschwein von etwa 15 kg
Rub
grobes Meersalz
schwarzer Pfeffer aus der Mühle
durchgepresster Knoblauch
Cayennepfeffer (optional)

FÜR DIE BEILAGE

Gemüse (etwa feste Tomaten, Paprika in allen Farben, Gemüsezwiebeln, Karotten)
Knoblauch
Kartoffeln
Olivenöl

ZUBEREITUNG

Für die Zubereitung im Smoker »setzt« man das Wildschwein auf den Grillrost. Dazu müssen die Rippen entlang des Brustbeins durchtrennt werden, damit man den Brustkorb öffnen kann und das Wildschwein flacher wird. Bei jungen Wildschweinen reicht dazu eine einfache Rosenschere.

Das ganze Wildschwein 24 Stunden vor dem Smoken mit einem Rub einreiben, in Frischhaltefolie wickeln und im Kühlschrank lagern. Etwa 2 Stunden vor der Zubereitung aus dem Kühlschrank holen, damit es Zimmertemperatur annimmt. Wo nötig, den Rub nochmals ergänzen.

Das Wildschwein danach in den auf etwa 120 °C vorgeheizten Smoker setzen. Die Hinterkeulen müssen dabei Richtung Brennkammer weisen, da die Keulen die längste Garzeit haben und deshalb am meisten Wärme abbekommen sollten. Thermometer nicht vergessen. Das Wildschwein smoken, bis es eine Kerntemperatur von 75–77 °C erreicht hat.

Als Ergänzung zum Wildschwein bietet es sich an, unterhalb des Rostes mit dem Schwein eine Aluschale mit Gemüse und

Kartoffeln zu platzieren. Die Schale kann ruhig richtig Volumen haben und bis oben gefüllt sein; unbedingt ausreichend Wasser dazugeben. Neben Tomaten, Paprika, Zwiebeln und Knoblauch kann man auch Gemüse mit langer Garzeit wie Karotten nutzen, auch Kartoffeln, denn alles bleibt über die gesamte Garzeit des Wildschweins im Smoker. Dabei besteht aber auch die Gefahr, dass das Gemüse entweder komplett zerkocht oder in der Schale anbrennt. Also immer wieder etwas Wasser nachfüllen und den Gargrad kontrollieren. Bei Bedarf noch etwas Pfeffer, Salz oder Olivenöl auf das Gemüse geben. Im Normalfall sollte jedoch der mit dem Fleischsaft runtertropfende Rub für ausreichend Geschmack sorgen. Gart das Gemüse zu schnell, kann man die Schale für eine Weile entnehmen und erst wieder einsetzen, wenn das Wildschwein die richtige Kerntemperatur fast erreicht hat.

Tipp

Wild wird immer in der Decke oder Schwarte (Fell) mit Haupt (Kopf) gewogen. Ein Wildschwein, das nach dem Erlegen 40 kg auf die Waage bringt, verliert beim Aufbrechen (Entnahme der Innereien) etwa 40 % seines Gesamtgewichtes und hat dann in der Schwarte noch ein Restgewicht von etwa 24 kg. Entfernt man danach noch Schwarte und Haupt, gehen nochmals etwa 6–8 kg verloren. Der verwertbare Fleischanteil liegt bei etwa 40 % des Lebendgewichts. Für ein solches Tier sind 10 cm Keulendicke kein Problem und eher zu wenig als zu viel.

DIE GROSSE SAUEREI TEIL 2: DAS GANZE WILDSCHWEIN AM SPANFERKELGRILL

Nicht jeder hat einen gemauerten Spanferkelgrill im Garten, aber man kann heute auch mobile Geräte kaufen, sodass euch auch diese Option offensteht. Das größte von mir zubereitete Wildschein am Spanferkelgrill wog 47 kg. Hier reicht dann auch die Fußballmannschaft nicht mehr aus. Mit so einem Wildschwein kann man schon an die 100 Gäste und mehr verköstigen.

Das Allerwichtigste bei der Zubereitung am Spanferkelgrill ist die Befestigung des Wildschweins am Spieß. Beim Grillvorgang verliert das Fleisch an Festigkeit, und das eben noch fest verzurrte Wildschwein fängt auf einmal an, am Spieß zu rutschen. Das ist der Worst Case, weil dann das Fleisch Stück für Stück weiter einreißt. Greift also lieber noch zu dem ein oder anderen Bindedraht, um das Schwein bombenfest am Spieß zu fixieren.

ZUTATEN

Wildschweine, je nach Personenzahl oder Jagderfolg

Rub

grobes Meersalz

schwarzer Pfeffer aus der Mühle

Chilipulver und Cayennepfeffer

durchgepresster Knoblauch

Sprühflasche mit 7-%iger Salzlake (70 g Salz in 1 l Wasser gelöst)

FÜR DIE GEMÜSEPFANNE

Kartoffeln

Karotten

Gemüsezwiebeln

Rosenkohl

Paprikaschoten

Knoblauch

Olivenöl

Brühwürfel

GRILLGERÄT

Spanferkelgrill

Dutch Oven

ZUBEREITUNG

Zum Würzen das Wildschwein großzügig mit der Gewürzmischung oder Rub einreiben. Zusätzlich kann man im Nacken einen etwa 10 cm langen und 3–4 cm tiefen Schnitt setzen und diesen dann mit grobem Meersalz füllen; einen solchen Schnitt kann man auch noch an den Innenseiten der Hinterkeulen ansetzen und füllen. Keine Angst – das Wildschwein schwitzt das Salz, das es nicht braucht, aus.

Dann auf dem Spieß befestigen und ab damit in den Grill. Wichtig: Nie mit direkter Hitze unter dem Schwein grillen. Der optimale Garprozess findet ausschließlich mit indirekter Hitze statt. Die Hitze sollte am Wildschwein vorbei nach oben steigen, sodass nur Strahlungshitze das Fleisch erreicht. Für das Feuer Hartholz nutzen – hier empfiehlt sich Buche, da sie in ausreichender Menge und nachhaltig verfügbar ist. Sicherlich können auch andere Harthölzer eingesetzt werden, man sollte aber daran denken, dass hier Grillzeiten von 7–8 Stunden absolut keine Seltenheit sind und die Holzmenge nicht unerheblich ist.

Während der Grillzeit kann man das Wildschwein gelegentlich noch mit Salzlake besprühen, damit das vorhandene Fett eine schöne Kruste bildet. Beim Wildschwein wird ja die Schwarte beim Abschwarten entfernt, sodass der klassische Krustenbrateneffekt nicht möglich ist.

Auch hier gilt eine Kerntemperatur von 75 °C als Zielgröße. Und wenn der Grill schon einmal an ist, kann man die Hitze auch noch für eine Gemüsepfanne nutzen. Dafür eignet sich ein Dutch Oven am besten. Kartoffeln, Karotten, viele Zwiebeln, Paprika, Rosenkohl und Knoblauch nach Geschmack mit etwas Olivenöl und Wasser in den Dutch Oven geben. Von unten nach oben so sortieren, dass das Gemüse mit der längsten Garzeit unten liegt. Das Ganze etwa 1–1 ½ Stunden, bevor das Schwein fertig ist, mit in den Grill stellen und mit etwas Glut umgeben. Für einen intensiveren Geschmack etwas Brühwürfel in Wasser auflösen und angießen.

AUCH FISCH IST WILD

Um das Angebot abzurunden, ein kleiner Exkurs über die Zubereitung von Fischen auf dem Grill.

Der wohl bekannteste Fisch auf dem Grill ist die Regenbogenforelle. Früher in fast allen Flüssen heimisch, waren Forellen in freier Natur schon fast verschwunden, um heute wieder deutlich zuzunehmen. Die Forelle braucht sehr sauerstoffhaltiges Wasser, am besten sollte es sich im direkten Lebensraum des Tieres pro Tag mindestens ein Mal austauschen. In fließenden Gewässern geht das problemlos, in der Zucht ist es nur mit erheblichem Aufwand sicherzustellen. Die Forellenzüchter mögen es mir verzeihen, aber ein Wildfang hat fast immer eine deutlich bessere Qualität.

Neben der Forelle eignet sich auch der Saibling sehr gut für den Grill, sein Fleisch steht qualitativ über dem der Forelle. Leider sind Saiblinge im Gegensatz zu Forellen aber nicht so breit verfügbar. Beide Fische gehören zu den Salmoniden oder Lachsfischen.

Zum Grillen eignen sich am besten Exemplare von 250–300 g. Größer bedeutet nicht zwingend besser, wobei man das beim Wildfang ja kaum beeinflussen kann.

Tipp
Wer gerne experimentiert, kann den geriebenen Knoblauch oder andere Gewürze schon in die Salzlake geben;auch Chili in dosierter Form ist möglich. So wird die Geschmacksintensität erhöht.

FÜR 1 PERSON

ZUTATEN

1 Forelle, küchenfertig (250–300 g)

Salz

Öl

Petersilie

Knoblauch

Kräuterbutter

ZUBEREITUNG

Bevor die Forelle auf den Grill kommt oder geräuchert wird, wird sie in eine Salzlake gelegt. Wir rechnen 7 g Salz pro Liter Wasser; hier kann man durchaus verschiedene Salzsorten ausprobieren. Das Salz im Wasser auflösen, die Forelle mit der Salzlake bedecken und 24 Stunden im Kühlschrank ruhen lassen.

Anschließend den Fisch kurz abwaschen und abtrocknen. Den Grill auf mittlere Hitze (160–180 °C) vorheizen. Nun gibt es zwei Möglichkeiten: Für Methode eins wird der Fisch mit der Seite direkt auf den Grill gelegt; den Rost vorab mit etwas Öl einreiben, um zu verhindern, dass die Haut der Forelle am Grill kleben bleibt. Da man Forellen nicht bei hoher Temperatur garen sollte, kann es auch Olivenöl sein, das der Hitze durchaus standhält. Bei jedem Wenden einmal kurz mit dem Pinsel etwas Öl auf den Rost geben. Diese Methode hat den Vorteil, dass man die Forelle mit etwas Petersilie und/oder Knoblauch füllen kann. Wer möchte, kann auch ein Stück Kräuterbutter hinzufügen.

Bei Methode zwei wird der Fisch aufgeklappt ebenfalls direkt auf den Rost gesetzt, mit der Haut nach oben. Auch hier unbedingt den Rost vorher mit Öl bestreichen. Später kann der Fisch dann im Ganzen gewendet werden, dazu muss er aber schon einen fortgeschrittenen Garpunkt haben. Füllen kann man die Forelle hier natürlich nicht. Der Vorteil liegt darin, dass der Fisch gleichmäßig von innen gart. Nach dem Wenden kurz die Haut angrillen, und fertig ist der Fisch. In diesem Fall kann dann die Forelle »stehend« auf dem Teller serviert werden. Wenn man alles richtig gemacht hat, lässt sich die Haut ganz leicht von beiden Seiten abziehen, und die Forelle kann dann ohne weitere Umstände genossen werden.

AUCH FISCH IST WILD

GERÄUCHERTER FASAN IM BACON-MANTEL

Wusstet ihr, dass Fasane in Deutschland ursprünglich nicht heimisch sind? Der heutige Bestand ist keine selbsttragende Population und überlebt häufig nur, weil er gehegt oder durch gezüchtete Vögel stabilisiert wird.[1]

Die Jagd auf Fasane hat im Spätherbst und frühen Winter Saison. In diesen Monaten ist das Fleisch auch am zartesten. Ein Fasan sollte keinen tranigen, muffigen oder fauligen Geruch haben. Feinschmecker stufen das Fleisch der Hähne tendenziell höher ein als das der Hennen. Junge Fasane kennzeichnet ein biegsames Brustbein und zartes Fleisch. Das Fleisch der älteren Tiere ist eher trocken und zäh, hat jedoch einen intensiveren Geschmack und wird deswegen gern für Brühen, Fonds, Suppen und Farcen verwendet. Für euren geräucherten Fasan achtet also auf den Geruch und guckt, dass ihr ein jüngeres, fetteres Tier erwischt.

Wir haben die Erfahrung gemacht, dass das Einlegen in eine Salzlake (Brine) gerade bei Wildvögeln zu empfehlen ist. Sie hilft, das Fleisch schön saftig zu machen. Das Einlegen und das anschließende Trocknen nehmen einige Zeit in Anspruch, also rechtzeitig mit den Vorbereitungen beginnen.

FÜR 2 PERSONEN

ZUTATEN

1 küchenfertiger Fasan (etwa 1 kg)
2–3 EL Öl
8 dickere Scheiben Bacon
BBQ-Gewürzmischung nach Wahl (optional)

ZUBEREITUNG

Zuerst für die Glasur den Ahornsirup bei mittlerer Temperatur einkochen. So entsteht ein sogenannter Heavy Syrup. Es gilt, eine relativ zähe Konsistenz zu erreichen, die auf dem Fleisch gut haftet.

Für die Salzlake das Salz und den Zucker in 1 l Wasser auflösen. In eine Schüssel oder einen größeren Zip-Lock™-Beutel gießen und den Fasan hineingeben. Für 12–18 Stunden in den Kühlschrank stellen.

FÜR DIE GLASUR

330 g Ahornsirup

FÜR DIE SALZLAKE (BRINE)

60 g grobes Salz

50 g brauner Zucker

Den Fasan anschließend aus der Lake nehmen und auf ein Abkühlgitter legen. Die Haut gewissenhaft trockentupfen. Danach den Vogel über Nacht an einem gut durchlüfteten und kühlen Ort trocknen lassen.

Nach der Trocknung das Tier mit dem Öl einreiben. Das Fleisch mit den Baconscheiben belegen und möglichst gut damit bedecken. Wer mag, würzt jetzt noch mit BBQ-Gewürz, das muss aber nicht sein.

In der Zwischenzeit den Smoker auf 120 °C vorheizen. Der Vogel wandert aus dem Kühlschrank direkt auf den vorgeheizten Smoker. Warum? Weil Fleisch nur bis zu einer Kerntemperatur bis 60 °C Rauch aufnimmt. Der Rauch bzw. der Stickstoff und das Kohlenmonoxid darin reagieren mit dem Protein Myoglobin, das im Muskelgewebe gebunden ist. Diese chemische Reaktion erzeugt den erstrebenswerten pinken Smoke-Ring.[2] (Wer sich einmal im Rabbit Hole der BBQ-Wissenschaft verlieren will, dem empfehlen wir die faszinierenden Versuche und Artikel von Dr. Greg Blonder auf der amerikanischen BBQ-Website AmazingRibs.com[3]. Dieser Blog hat uns auch geholfen, besseres BBQ zu machen.)

Zurück zu unserem Fasan. An die Seite gegenüber dem Fasan eine Schale mit Wasser stellen und regelmäßig frisches Wasser nachfüllen. Nach 1 Stunde das Fleisch erstmals mit dem Ahornsirup glasieren, danach alle 30 Minuten. Der Räuchervorgang dauert in aller Regel 3–5 Stunden. Sobald das Fleisch eine Kerntemperatur von 70–72 °C erreicht, ist der Fasan fertig. Aus dem Smoker nehmen, auf ein Abkühlgitter legen und dort ein letztes Mal glasieren. Nach 15–20 Minuten Ruhezeit kann der Fasan serviert werden.

Tipp

Ein Satz noch zum Pellet Smoker. Mit einem elektrischen Smoker ist es deutlich schwieriger, einen Smoke-Ring zu erzielen. Ihr könnt euch aber behelfen, indem ihr am Anfang ein paar gewässerte Wood Chunks und Holzkohle-Bruchstücke direkt in die Brennkammer legt (nicht in den Hopper!). Als Räucherholz nehmen wir Hickory und/oder Apfel. Diese Hölzer passen prima zu Fasan.

[1] **Quelle: https://nrw.nabu.de/natur-und-landschaft/landnutzung/jagd/jagdbare-arten/weitere-vogelarten/05322.html**

[2] **Quelle: https://www.smokedbbqsource.com/how-to-get-a-good-smoke-ring/**

[3] **Quelle: https://genuineideas.com/GEBBio/gebbio.html und https://amazingribs.com/more-technique-and-science/more-cooking-science/mythbusting-smoke-ring-no-smoke-necessary/**

GERÄUCHERTER FASAN IM BACON-MANTEL

SPECIALS

GANZER GEGRILLTER FRISCHLING

Frischlinge sind oft zu klein, um die Teilstücke einzeln zu verarbeiten. Dieses Gericht ist perfekt geeignet, um einen kleinen Frischling (bis 5 kg) schnell und einfach zuzubereiten. Je nach Größe können davon 2-4 Personen gut essen.

FÜR 2–4 PERSONEN

ZUTATEN

1 Frischling, ausgenommen und gehäutet

FÜR DIE MARINADE

1 Tasse Olivenöl

3 Knoblauchzehen, gehackt

1 EL Honig

2 EL Zitronensaft

frische Kräuter (etwa Rosmarin, Oregano und Thymian)

Chilipulver

Salz

schwarzer Pfeffer aus der Mühle

ZUBEREITUNG

Der Frischling muss flach auf dem Grill liegen. Dazu am besten durch die Bauchhöhle mit einem scharfen Messer an beiden Seiten der Wirbelsäule entlang vom Nacken bis zu den Keulen die Rippen einritzen. Diese dann mit beiden Händen flach zur Seite drücken, damit sie an der Bruchstelle abknicken.

Die Zutaten für die Marinade verrühren. Das Fleisch damit vollständig einreiben und mindestens 6 Stunden ziehen lassen.

Den Grill auf geringe Temperatur (130-160 °C) aufheizen und den Frischling langsam garen; nach 10 Minuten wird er zum ersten Mal gewendet. Je nach Gewicht solltet ihr euch auf eine Garzeit von mehreren Stunden einstellen. Am besten ein Fleischthermometer verwenden, das in die Keule gesteckt wird. Bei etwa 72 °C Kerntemperatur ist der gegrillte Frischling fertig. Vor dem Servieren noch 10 Minuten ruhen lassen.

WILDE CORN DOGS À LA GAMJA

Gam-was? Gamja-hatdogeu ist eine superkreative koreanische Variante der berühmten amerikanischen Corn Dogs. Auf unserer Reise durch Korea sind wir an so manchen Variationen (Mutationen!) dieses beliebten Streetfood-Snacks vorbeigekommen, und da koreanisches Fried Chicken oder feurig-scharfes Yangnyeom Chicken gerade in aller Munde sind, dachten wir uns, dass dieser schmackhafte Hüftschmeichler perfekt für unser Wildfleisch-Kochbuch wäre!

Der optimale Corn Dog verbindet eine knusprige Hülle, ein kuchenartiges Inneres und den saftig-salzigen Geschmack einer guten Bratwurst in einem Biss. #NoPressure!

Megalecker dazu schmeckt japanische Mayonnaise (etwa Kewpie™), spanische Aioli oder Spicy Seaweed Flakes. Natürlich könnt ihr auch gern mal eine würzige Merguez oder rauchige Salsiccia aus Wildschweinfleisch verwenden … zur Salsiccia passt ein süßer Kirschsenf zusammen mit fruchtiger Tomatenkonfitüre.

Diesen Snack könnt ihr in einem Dutch Oven zubereiten oder safe in der Küche.

FÜR 4 PERSONEN

ZUTATEN

4 Rehbratwürstchen (siehe Seite 174)

Mozzarellawürfel (optional)

FÜR DEN TEIG

2 EL Zucker

1 TL Salz

1 Packung Trockenhefe (2 TL)

½ TL grobes Meersalz

ZUBEREITUNG

Für den Teig (er wird richtig zähflüssig und sticky – viel Spaß damit!) den Zucker und das Salz sorgfältig in 240 ml lauwarmem Wasser (36 °C) auflösen. Die Trockenhefe unterrühren und warten, bis sie aktiv wird. Danach folgt das Mehl – rührt euch den Arm schlapp! Falls nötig, etwas Wasser oder Mehl ergänzen, bis die gewünschte Konsistenz erreicht ist. Den Teig dann 30–40 Minuten an einem warmen Platz gehen lassen.

Während der Wartezeit die Toppings vorbereiten: Die Kartoffeln schälen, würfeln (1 x 1 x 1 cm) und in etwas Salzwasser

210 g Weizenmehl Type 405

Frittieröl (etwa Erdnussöl)

FÜR DIE TOPPINGS

2 superfest kochende Kartoffeln

2 EL Weizenmehl Type 405

120 g Semmelbrösel (am besten Panko-Paniermehl)

ZUM GARNIEREN

Puderzucker

Ketchup

Senf

ZUBEHÖR

4 stabile, kantige Holz- oder Bambusspieße

Dutch Oven

fast fertig kochen. Dann abtropfen lassen, gut abtrocknen und in dem Mehl wenden. Die Kartoffelwürfel auf einem Backblech verteilen. Auf einem zweiten Blech die Semmelbrösel verteilen.

Die Würstchen in gleichmäßige Scheiben schneiden und auf die Spieße stecken. Wer mag, wechselt mit Mozzarellawürfeln ab – Anfang und Ende sollte immer eine Wurstscheibe sein.

Jetzt den fertigen Teig in ein schmales, hohes Glas umfüllen. So lassen sich die Corn Dogs einheitlich damit überziehen. Die fertigen Spieße in den Teig tauchen und unter vorsichtigem Drehen und Ziehen versuchen, den Teig möglichst gleichmäßig zu verteilen. Wenn dieses Kunststück gelungen ist, jeden Corn Dog zuerst in den Kartoffelwürfeln wenden und anschließend gewissenhaft von allen Seiten mit den Semmelbröseln überziehen.

Das Frittierfett auf 165 °C vorheizen. Die vorbereiteten Corn Dogs einzeln und langsam hineingleiten lassen und unter gelegentlichem Drehen und Wenden rund 6–7 Minuten frittieren. Das Frittiergefäß muss ausreichend tief und vor allem breit genug sein, weil die Corn Dogs ordentlich »Schaum schlagen«. Ernst gemeinter Tipp: Den Topf zu maximal drei Viertel mit Öl füllen. Die fertigen Corn Dogs herausnehmen und auf einem Abkühlgitter etwas abtropfen lassen. Falls nötig, Teigreste aus dem Topf schöpfen und warten, bis das Öl wieder die richtige Temperatur erreicht hat.

Wenn alle Corn Dogs fertig frittiert sind, kann man sie ein zweites Mal frittieren – für den Extracrunch. Dann genügt aber eine superkurze Frittierzeit von wenigen Sekunden. Zum Servieren auf einem Teller verteilen, mit einer gut gemeinten Ladung Puderzucker bestauben, gefolgt von schwungvollen Ketchup- und Senf-Swirls.

WILDE CORN DOGS À LA GAMJA

SELBST GEMACHTE REHBRATWURST

Handwerklich eine kleine Herausforderung, aber die Mühe lohnt sich. Mit diesem Rezept könnt ihr eure eigene Rehbratwurst herstellen.

ERGIBT ETWA 20 WÜRSTCHEN

ZUTATEN

Schweinedarm (Kaliber 28/30; beim Metzger vorbestellen)

4 Zwiebeln

4 Knoblauchzehen

1 kleines Stück Ingwer

Olivenöl

2 Zweige Rosmarin

20 Wacholderbeeren

Zimt

1,2 kg Rehschulter oder -nacken (ohne Knochen)

500 g Schweinebauch

Salz

schwarzer Pfeffer aus der Mühle

GRILLGERÄT

Fleischwolf

Wurstfüllmaschine

ZUBEREITUNG

Den Schweinedarm gründlich mit Wasser ausspülen und 30 Minuten in warmes Wasser legen.

Zwiebeln und Knoblauch abziehen, den Ingwer schälen und alles fein würfeln. In etwas Olivenöl in einer Pfanne bei mittlerer Temperatur anschwitzen. Die Rosmarinnadeln von den Zweigen zupfen und zusammen mit den Wacholderbeeren hinzugeben und mit anschwitzen. Das Ganze mit Zimt würzen. Die Pfanne vom Herd nehmen und die Mischung abkühlen lassen.

Das Rehfleisch und den Schweinebauch in grobe Stücke schneiden. Mit der vorbereiteten Mischung vermengen und durch den Fleischwolf drehen. Die Masse mit Salz und Pfeffer würzen.

Den Darm ausstreichen und auf die mittlere Tülle der Wurstfüllmaschine fädeln. Die Fleischmasse langsam in den Darm pressen und etwa alle 10–15 cm eine Wurst abdrehen. Die Enden nach Belieben mit Küchengarn verschließen.

Die Bratwürste einige Zeit kalt stellen, dann auf dem Grill bei etwa 200 °C und direkter Hitze unter regelmäßigem Wenden zubereiten.

Tipp
Zu einer deftigen Bratwurst empfehlen wir ein fruchtiges, gut gekühltes IPA.

SURF & TURF MIT DAMWILDRÜCKEN UND ARGENTINISCHEN ROTGARNELEN

Der Silvesterabend, ein runder Geburtstag, Hochzeitstag oder, oder, oder ... Es gibt genügend Anlässe, um sich mal etwas richtig Besonderes zu gönnen. Ich habe dieses Gericht zu meinem 30. Geburtstag zubereitet und warte schon auf den nächsten passenden Anlass.

FÜR 4 PERSONEN

ZUTATEN

650 g Damwildrücken ohne Knochen

Olivenöl

Rosmarin

durchgepresster Knoblauch

schwarzer Pfeffer aus der Mühle

12 Argentinische Rotgarnelen

grobe Salzflocken

etwas Butter

400 g Champignons

GRILLGERÄT

gusseiserne Pfanne

ZUBEREITUNG

Den Damwildrücken bei Bedarf von Sehnen befreien, dann mit Olivenöl bestreichen, mit Rosmarin, Knoblauch und Pfeffer würzen, dann in Frischhaltefolie einwickeln (oder vakuumieren) und im Kühlschrank 2–3 Stunden marinieren.

Etwa 30 Minuten vor dem Grillen das Fleisch wieder aus dem Kühlschrank holen, damit es Zimmertemperatur annimmt. Inzwischen die Garnelen schälen, vom Darm befreien und ebenfalls mit Olivenöl, Rosmarin und Knoblauch marinieren. Den Grill auf 230 °C vorheizen.

Den Damwildrücken bei direkter Hitze auf den Rost legen und von jeder Seite 4 Minuten grillen. Nach dem letzten Wenden mit Salzflocken bestreuen. Den Grill auf niedrige Temperatur herunterregeln. Das Fleisch bei indirekter Hitze auf eine Kerntemperatur von etwa 55–58 °C garen, dann vom Grill nehmen, in Alufolie wickeln und ruhen lassen.

Die Grilltemperatur wieder erhöhen und in einer gusseisernen Pfanne ein Stück Butter und etwas Olivenöl erhitzen. Wenn die Pfanne heiß ist, die Rotgarnelen hineingeben und von jeder Seite 3–4 Minuten braten. Mit Salz und Pfeffer würzen. (Auf dem Gasgrill verwenden wir gerne eine separate Herdplatte, dann kann der Damwildrücken auch im ausgeschalteten, zugedeckten Grill ruhen, während die Garnelen zubereitet werden.)

Falls das Fleisch in der Zwischenzeit zu kalt geworden ist, kann man es vor dem Servieren noch einmal ein paar Sekunden je Seite auf den Grill legen.

Als Beilage braten wir gerne ein paar Champignons ganz einfach mit etwas Öl, Salz und Pfeffer in der Pfanne, in der wir vorher die Garnelen zubereitet haben.

Tipp
Dazu passt ein kräftiger Südtiroler Gewürztraminer. Wir lieben zum Beispiel den Eisacktaler Gewürztraminer vom Pacherhof in Südtirol.

WILDSAUCE

Eine passende Sauce lässt sich schon am Tag vorher zubereiten und pünktlich zum Essen aufwärmen. Als Grundlage könnt ihr natürlich den Fond aus Wildknochen selbst zubereiten. Wenn wir es uns einfach machen wollen, verwenden wir einen guten fertig gekauften Wildfond und Suppengemüse.

ERGIBT RUND 300 ML

ZUTATEN

2 Knoblauchzehen
2 Zwiebeln
3 Karotten
½ Sellerieknolle
Olivenöl
Butter
2 EL Tomatenmark
1 Flasche kräftiger Rotwein
500 ml Wildfond
Wacholderbeeren
Lorbeerblätter
Pfefferkörner
Salz

ZUBEREITUNG

Knoblauch und Zwiebeln abziehen, Karotten und Sellerie schälen und alles grob würfeln. Etwas Olivenöl und Butter in einen großen (!) Topf geben und das Gemüse darin anrösten. Das Tomatenmark unterrühren und vorsichtig mit anrösten. Etwa ein Drittel des Rotweins hinzugießen und diesen vollständig einkochen lassen. Dann immer wieder in kleinen Mengen den gesamten restlichen Rotwein Schritt für Schritt nachgießen, bis er vollständig eingekocht ist.

Mit dem Wildfond auffüllen, Wacholderbeeren, Lorbeerblätter und Pfefferkörner hinzugeben und die Sauce bei geringer Temperatur 1–3 Stunden köcheln lassen, bis sie deutlich reduziert ist.

Zum Schluss die Flüssigkeit durch ein Sieb gießen und noch einmal kurz aufkochen. Falls gewünscht, kann man sie jetzt noch weiter reduzieren. Wenn sie zu sehr einkocht, lässt sie sich problemlos mit etwas Wildfond oder Wasser wieder verdünnen. Die Sauce probieren und mit Salz abschmecken.

POLENTA

FÜR 4 PERSONEN

ZUTATEN

500 ml Gemüsebrühe
500 ml Milch
1 EL Butter
200 g Maisgrieß (Polenta)
300 ml Sahne
Salz
schwarzer Pfeffer aus der Mühle
3 EL Trüffelbutter
1 schwarzer Trüffel

ZUBEREITUNG

Brühe und Milch in einen Topf gießen und zusammen mit der Butter aufkochen.

Die Temperatur reduzieren und die Polenta unter stetigem Rühren in den Topf geben. Nach Packungsangabe köcheln lassen, dabei hin und wieder etwas Sahne einrühren, um die gewünschte Konsistenz zu erreichen.

Die fertige Polenta mit Salz und Pfeffer würzen. Die Trüffelbutter hinzugeben und unterrühren. Vor dem Servieren den Trüffel über die Polenta reiben.

GEGRILLTER FELDHASENRÜCKEN

FÜR 2 PERSONEN

ZUTATEN

1 Hasenrücken mit Knochen

100 g Bacon in Scheiben

2 EL Ahornsirup

Salz

schwarzer Pfeffer aus der Mühle

einige Zweige Thymian und Rosmarin

ZUBEREITUNG

Den Hasenrücken an der Wirbelsäule entlang leicht einschneiden und den entstehenden Zwischenraum mit Bacon füllen.

Das Fleisch rundherum mit Ahornsirup bestreichen und mit Salz und Pfeffer würzen. Die Kräuterzweige auf dem Fleisch verteilen.

Den Grill auf 230 °C vorheizen und den Rücken auf dem Rost bei direkter Hitze von jeder Seite 1 Minute grillen. Wer mag, grillt einige Scheiben eines Maiskolbens mit.

Danach den Grill auf 130 °C herunterregeln und den Hasenrücken bei indirekter Hitze fertig garen, bis eine Kerntemperatur von etwa 60–62 °C erreicht ist.
Vor dem Servieren ein paar Minuten ruhen lassen.

FELDHASE AUS DEM DUTCH OVEN

FÜR 4 PERSONEN

ZUTATEN

2 Feldhasen, in Rücken und Keulen zerlegt und pariert
3 Zwiebeln
4 Knoblauchzehen
5 Karotten
2 Scheiben Knollensellerie
1 Flasche Rotwein
1 Schuss Rotweinessig
1 Handvoll Wacholderbeeren
einige Lorbeerblätter
einige schwarze Pfefferkörner
etwas Piment
200 g Südtiroler Speck
Olivenöl
2 EL Tomatenmark
Preiselbeeren aus dem Glas

GRILLGERÄT

Dutch Oven

ZUBEREITUNG

Die Hasen in Rücken und Keulen zerlegen und parieren.

Zwiebeln und Knoblauch abziehen, Karotten und Sellerie schälen. Alles grob hacken und mit den Hasenteilen zusammen in eine große, verschließbare Schüssel geben.

Rotwein und Essig, die Wacholderbeeren, die Lorbeerblätter, Pfefferkörner und Piment dazugeben. Alles gut vermengen, die Schüssel verschließen und den Hasen mindestens 12 Stunden im Kühlschrank marinieren. Den Hasen aus der Marinade nehmen und die Flüssigkeit durch ein Sieb in ein separates Gefäß gießen. Das Gemüse ebenfalls aufbewahren.

Den Speck in kleine Würfel schneiden. Den Grill auf etwa 200 °C vorheizen. Den Dutch Oven mittig auf den Rost setzen, etwas Olivenöl und die Speckwürfel hineingeben. Die Hasenstücke darin von jeder Seite kurz anbraten, dann herausnehmen und zur Seite legen.

Das abgetropfte Gemüse in den Dutch Oven geben und anbraten. Nach kurzer Zeit das Tomatenmark unterrühren und mit anrösten.

Die Hasenteile auf das Gemüse legen und die Marinade in den Dutch Oven gießen.

Den Deckel auflegen, den Grill schließen und die Temperatur auf etwa 150 °C herunterregeln.

Nach etwa 1 ½ Stunden sollte der Hase fertig sein. Wer sichergehen will, misst die Kerntemperatur, die jetzt 65–70 °C betragen sollte. Die Hasenteile aus dem Dutch Oven nehmen und abgedeckt noch ein paar Minuten ruhen lassen.

Einige Löffel Preiselbeerkonfitüre in die Sauce geben und das Gemüse mit dem Stabmixer pürieren. Wer mag, gießt die Sauce durch ein Sieb, dann ist sie feiner.

WILDSCHWEINSPIESSE À LA BABI GULING

Einen klassischen Kansas City BBQ Rib Rub oder einen BBQ Sweet Rub kennen sicher die meisten, die gern am Grill stehen. Deshalb wollen wir jetzt das Mutterland des Barbecues verlassen, um auf der anderen Seite des Pazifiks ein, zwei neue Bumbu kennenzulernen. Das Wort ist Indonesisch und bezeichnet verschiedene Arten von Pflanzenprodukten, die gut oder lecker riechen, wie Ingwer, Kurkuma, Galgant, Muskatnuss, Pfeffer zum Würzen von Gerichten.[1] Wir reisen mit euch in den nicht islamischen Teil dieses riesigen Inselstaates, um eine Würzmischung zuzubereiten, die perfekt zu Wildschwein passt – die Zutaten dafür bekommt ihr im Asia-Supermarkt oder auf Vorbestellung. Ein paar passende Beilagen gibt es natürlich auch.

FÜR 5 PERSONEN

ZUTATEN

- 1 kg Wildschweinnacken ohne Knochen
- Kokosöl
- Salz
- 1 Eisbergsalat, in handtellergroße Stücke geschnitten
- frischer Koriander (optional)
- gehackte und geröstete Erdnüsse (optional)
- Limettenspalten zum Auspressen (optional)

ZUBEREITUNG

Für die Gewürzpaste Kaffirlimetten- und Lorbeerblätter vom Stiel befreien, fein hacken und beiseitestellen. Dann Ingwer, Galgant und Kurkuma schälen, Knoblauch und Schalotten abziehen. Alles in Scheiben schneiden und zusammen mit den übrigen Zutaten im Mörser oder in der Küchenmaschine fein zerkleinern, zum Schluss die gehackten Kaffirlimetten- und Lorbeerblätter unterziehen. Um die Aromen zu aktivieren, empfehlen wir, die Gewürzpaste in einem kleinen Topf unter ständigem Rühren zu erhitzen. Keine Sorge, wenn sich das Öl absetzt. Die aktivierte Gewürzpaste kalt stellen.

Das Fleisch in gleichmäßig große Würfel schneiden. Auch wenn es etwas mehr (viel mehr) Arbeit bedeutet, versuchen wir, Würfel mit einer Kantenlänge von 1 cm zu produzieren.

Die Fleischwürfel dann in einen verschließbaren Container geben und drei Viertel der Gewürzpaste hinzufügen. Gummihandschuhe anziehen und die Paste in das Fleisch einmassieren. Das Fleisch über Nacht im Kühlschrank marinieren.

FÜR DIE GEWÜRZPASTE

5 frische Kaffirlimettenblätter

2 frische Lorbeerblätter

60 g frischer Ingwer

60 g frischer Galgant

30 g frische Kurkuma

18 Knoblauchzehen

6–8 Schalotten

6 Lichtnüsse (oder ungesalzene Macadamianüsse), geröstet und gehackt

9 rote Chilischoten (etwa Bali-Lombok-Hot-Meteor-Chili mit bis zu 50 000 Scoville)

1 TL frisch geriebene Muskatnuss

2 TL weißer und schwarzer Pfeffer aus der Mühle

3 TL gemahlener Koriander

1 TL Kokosöl

1 TL brauner Zucker (optional)

Salz

ZUBEHÖR

Bambus- oder Metallspieße

Am nächsten Tag Bambusspieße wässern. Die Fleischwürfel sorgfältig auf die Spieße stecken – am besten holt man sich dafür Verstärkung. Überschüssige Paste abstreifen und die fertigen Spieße auf ein Tablett oder einen Teller legen.

Den Grill auf 200–230 °C vorheizen. Die Fleischspieße über direkter Hitze scharf angrillen, dann fertig garen, bis der gewünschte Gargrad erreicht ist – entweder bei indirekter Hitze oder unter ständigem Verschieben, Drehen und Wenden. Südostasiatische Garküche lässt grüßen!

Wenn die Spieße fertig sind, ein oder zwei Salatblätter in die Hand nehmen und dann zwei bis drei Fleischwürfel hineinstreifen. Den Spaß mit etwas Kokosreis (siehe Seite 191) garnieren, dazu ein paar frische Korianderblätter, ein, zwei Dashes der restlichen Würzpaste, 1 Prise geröstete Erdnüsse und ein, zwei Spritzer Limettensaft. Die Salatblätter zusammenfalten und das Päckchen aus der Hand essen. Und ja, eine milde Erdnuss-Sauce, selbst gemachtes Kecap Manis (siehe Seite 190) oder unser scharfes Tomaten-Sambal (siehe Seite 188) zum Dippen und ein kühles Bierchen zum Kippen passen hervorragend dazu.

[1] **Quelle: https://kbbi.kemdikbud.go.id/entri/Bumbu**

WILDSCHWEINSPIESSE À LA BABI GULING

BEILAGENTIPP

TOMATEN-SAMBAL

Eine indonesische Würzsauce und genau das Richtige für alle Grillfleisch-Liebhaber, denen die mexikanische Pico de Gallo schon zu mild ist, die sich aber an ein echtes Sambal noch nicht herantrauen: Typischerweise wird Sambal mit fermentierter Shrimp-Paste, Fischsauce oder Anchovis gewürzt. Man kann sie aber auch durch Tomatenmark, Sojasauce oder gegrillte und pürierte Tomaten ersetzen. Nehmt kein Kokosöl, da dieses Öl im Kühlschrank aushärtet.

Das erhitzte Sambal kann man in einem luftdicht verschlossenen Container einfrieren. Es hält sich mehrere Monate.

Tipp

Damit das Sambal nicht zu feurig wird, kann man die Kerne aus den Chilischoten entfernen – aus allen oder nur aus einigen. Ihr könnt natürlich auch die Chilimenge reduzieren oder diese scharfen Chilis mit milderen oder fruchtigen kombinieren: Es ist euer Sambal!

FÜR 1 BURGER

ZUTATEN

4 große Knoblauchzehen

4 Schalotten

20 g Ingwer

bis zu 20 Chilischoten (etwa Bali-Lombok-Hot-Meteor-Chili mit bis zu 50 000 Scoville)

200 g Kirschtomaten

1 EL Shrimp-Paste (oder 1 TL Fischsauce; optional)

neutrales Speiseöl (etwa Sonnenblumenöl)

1 TL Tamarindenpaste

1–2 TL Limettensaft (oder Weißweinessig)

1–2 TL Palmzucker (oder brauner Zucker)

Salz

schwarzer Pfeffer aus der Mühle

ZUBEREITUNG

Knoblauch und Schalotten abziehen und in Stücke schneiden. Den Ingwer schälen und fein reiben. Alles zusammen mit den Chilischoten (entkernt, wenn das Sambal weniger scharf sein soll), den Tomaten und der Shrimp-Paste in der Küchenmaschine zu einer gröberen Paste zerkleinern.

Wie viele asiatische Würzpasten wird auch diese durch kurzes Erhitzen aktiviert. Dazu etwas Öl in eine Pfanne oder einen niedrigen Topf geben und bei mittlerer Temperatur erhitzen. Die Paste aus der Küchenmaschine hineingeben. Nach ein paar Minuten sollte sich ihre Farbe leicht verdunkeln.

Jetzt kann man mit Tamarindenpaste, Limettensaft, Palmzucker, Salz und Pfeffer nachwürzen. Wir mögen unser Sambal eher im säuerlich-süß-scharfen Geschmacksspektrum. Deshalb nehmen wir tendenziell etwas mehr Palmzucker und Limettensaft.

Das erhitzte Sambal dann abkühlen und durchziehen lassen.

KECAP MANIS

Die einen lieben Tomatenketchup, andere das sojasüße Kecap Manis. Wenn man Indonesien bereist und sich von Garküche zu Garküche isst, wird man unweigerlich mit dieser Sauce in Kontakt kommen. Sie eignet sich im Übrigen hervorragend als Wildfleisch-Marinade oder als Glasur für Saté-Spieße (Wildschwein, Hirsch, Fasan). Wer Yakitori-Sauce mag, wird auch das indonesische »schwarze Gold« lieben!

ERGIBT ETWA 120 ML

ZUTATEN

- 60 ml helle Sojasauce
- 30 g Muscovado-Zucker (teilraffinierter brauner Zucker mit Melasseanteil)
- 2 große Knoblauchzehen, abgezogen und fein gewürfelt
- 60 g Ingwer, geschält und in Streifen geschnitten

ZUBEREITUNG

Alle Zutaten in einen kleinen Topf geben und bei mittlerer Temperatur erhitzen. Darauf achten, dass sich der Zucker komplett auflöst. Nach rund 10 Minuten den Topf vom Herd nehmen, den Ingwer entfernen.

Das Kecap Manis in ein verschließbares Gefäß füllen und abkühlen lassen.

BEILAGENTIPP

KOKOSNUSS-REIS

FÜR 4 PERSONEN

ZUTATEN

240 g Jasmin- oder Basmati-Reis
1 gute Prise Salz
1 Prise Puderzucker
135 ml Kokosmilch
1 EL Kokosfleisch, geraspelt

Tipp
Bis der Reis hundertprozentig und quasi »im Schlaf« gelingt, braucht ihr wahrscheinlich ein paar Versuche. Wir haben die besten Ergebnisse in einem schweren Emailletopf erzielt und auch die Flüssigkeitsmenge etwas variiert.

ZUBEREITUNG

Den Reis sorgfältig waschen. Dafür den Reis in einen großen Topf geben und kaltes Wasser hineinfüllen. Mit der Hand umrühren, sodass das Wasser milchig wird. Das Wasser vorsichtig abgießen und frisches, kaltes Wasser nachfüllen. Diesen Vorgang drei bis vier Mal wiederholen, bis das Wasser im Topf klar bleibt. Das Wasser komplett abgießen und den Topf auf den Herd stellen.

Salz, Zucker, 135 ml Wasser und die Kokosmilch zum Reis geben. Alles erhitzen, bis es gerade so zu kochen beginnt. Sobald das Wasser kocht, geringe Temperatur einstellen und die Kokosflocken hinzufügen. Den Topf mit Alufolie abdecken und mit einem fest sitzenden Deckel verschließen. Den Kokosreis 15 Minuten bei geringer Temperatur garen. Nach der Garzeit den Topf vom Herd nehmen und den Reis im verschlossenen Topf weitere 15 Minuten nachgaren lassen. Nach der Wartezeit den Deckel abnehmen und die Alufolie entfernen. Den Reis mit einer Gabel auflockern und heiß servieren.

ANHANG

INSTAGRAM-TRICKS

Wer das perfekte Foodie-Foto seines Burgers posten möchte – ihr wisst schon, ein Bild, auf dem die Sauce oder der Käse perfekt über das Fleisch läuft –, für den haben wir fünf einfache Tricks:

1. Die Sauce immer nur am Rand der Brötchenhälften verteilen. So quillt sie perfekt aus dem Burger hervor, wenn man sanft daraufdrückt.

2. Der zweite Trick betrifft den Käse. Wir haben den Käse entweder mit einem kleinen Brenner direkt auf dem Fleisch angeschmolzen oder den Käse bereits in einer kleinen Raclettepfanne schmelzen lassen. Den weichen Käse kann man dann über das Fleisch gießen und mit etwas Geschick verteilen.

3. Der dritte Tipp ist tatsächlich total banal: Jeder Burger hat nur eine »perfekte« Seite. Also, dreht den Burger einfach so lange vor der Kamera hin und her, bis ihr seine beste Seite gefunden habt.

4. Der vierte Trick betrifft eure Kamera. Wenn ihr mit dem Smartphone fotografiert, dann dreht das Smartphone einfach mal um, sodass die Kameralinse auf der gleichen Höhe, also parallel zum Burger ist. Jetzt noch die Kamera leicht nach oben neigen, und die »Hero-Perspektive« ist perfekt.

5. Der letzte Trick betrifft das Licht. Versucht mal, mit verschiedenen Lichtquellen zu fotografieren. Besonders schön werden die Fotos, wenn man ein weiches, diffuses Licht zaubert. Noch einfacher sind natürlich Bilder im Freien. Viele unserer Fotos schießen wir auf dem Balkon, weil wir kein professionelles Licht-Equipment oder Studio haben.

EINBLICKE IN DIE JAGD: DER SOMMERBOCK

Der Schuss zerreißt die Stille der Abenddämmerung. Das Echo ist noch zu hören, da liegt der Rehbock schon etwa 70 Meter von uns entfernt verendet im Gras. Im nächsten Moment weicht unsere Anspannung einem Gefühl von Glück und Erleichterung. Glück, weil wir nach einigen Versuchen nun endlich Erfolg hatten. Erleichterung, weil der Schuss sein Ziel genau an der richtigen Stelle, kurz hinter der Schulter, getroffen hat und das Reh sofort tot ist.

Ich umarme meinen Bruder und rufe »Waidmannsheil«! Die letzten zwei Stunden saßen wir auf einem engen Hochsitz in der Vulkaneifel und haben still unsere Umgebung beobachtet. Einer von vielen Abenden, die wir in den letzten Jahren genauso verbracht haben. Bereits mit 16 Jahren haben wir unsere Jägerprüfung abgelegt – nach fast einem Jahr Vorbereitungszeit mit regelmäßigen Theoriekursen, Schießtraining und Praxisübungen. Seitdem jagen wir in der Vulkaneifel Rehe, Wildschweine und Hirsche.

Der Rehbock, der jetzt im Gras liegt, war uns seit mehreren Jahren bekannt. Rehe haben einen begrenzten Aktionsradius, sie sind sehr standorttreu. Es ist wahrscheinlich, dasselbe Reh über Jahre hinweg an der gleichen Stelle anzutreffen – leicht wiedererkennbar an dessen Gesichtszügen und der Ausprägung von Gehörn und Körperbau. Wir konnten beobachten, wie sich dieses Tier von einem Kitz zu einem starken Bock entwickelt hat, wie es sich in der Paarungszeit im Hochsommer weitervererbt hat und wie es im Winter sein Gehörn abgeworfen und das Winterfell angelegt hat. Jetzt schien der richtige Zeitpunkt gekommen, es zu entnehmen.

Nach einer kurzen Wartezeit steigen wir vom Hochsitz und gehen langsam zu dem leblosen Reh. Ein leicht beklemmendes Gefühl bleibt immer beim Anblick eines eben gestorbenen Tieres.

Ich laufe zum Waldrand und breche einen Fichtenzweig ab, den ich meinem Bruder überreiche, den sogenannten Erlegerbruch. Das ist ein Stück Tradition, dass wir uns bewahrt haben. Ansonsten versuchen wir, die Jagd möglichst modern und auf Basis von aktuellen wildbiologischen Erkenntnissen anzugehen. Mit diesem Ritual endet die eigentliche Jagd und es beginnt ein Prozess, der das eben erlegte Reh zu einem hochwertigen, biologischen und leckeren Lebensmittel werden lässt.

EINBLICKE IN DIE JAGD: WILDSCHWEINE BEI MONDSCHEIN

Es ist eiskalt. Meine Zehen spüre ich schon lange nicht mehr. Ich stehe mitten auf einem Acker in der Eifel und versuche, mich nicht zu bewegen und kein Geräusch von mir zu geben. Meine durchgeweichten Socken sinken im feuchten Feldboden ein. Meine Schuhe habe ich gleich am Auto ausgezogen – die waren mir zum leisen Anpirschen zu laut, vor allem auf dem Schotterweg, den ich anfangs entlanggegangen bin. Was für eine blöde Idee, merke ich jetzt, und bibbere weiter vor mich hin.

50 Meter vor mir gräbt eine große Gruppe von Wildschweinen das Feld auf der Suche nach Proteinen in Form von Würmern und Käfern um. Als ich die wirren Schatten der Rotte entdeckt habe, waren sie noch einen halben Kilometer von mir entfernt. Die letzte Stunde habe ich damit verbracht, halb gebückt, halb kriechend möglichst nahe an die Tiere heranzukommen. Es ist 1:23 Uhr nachts. Hinter mir steigt gerade der Vollmond über die Baumkronen und beleuchtet die fast sternenklare Winternacht. Die Umrisse der Wildschweine lassen sich jetzt, auf die kurze Distanz, problemlos erkennen.

Der kalte Wind bläst mir ins Gesicht. Das ist gut, heißt es doch, dass er von der Rotte aus in meine Richtung weht und sie mich somit nicht »in die Nase« bekommen kann. Wildschweine riechen und hören extrem gut und sind sehr intelligent. Wenn sie mich auch nur ansatzweise bemerken, wird das erfahrenste Tier der Gruppe, die Leitbache, umgehend einen lauten, grunzenden Warnlaut von sich geben und die ganze Gruppe zum Rückzug rufen. Innerhalb weniger Sekunden sind dann alle Schweine wieder im Wald verschwunden. Meistens bleibt nur noch ein letzter Blick auf das oft beeindruckend große Führungstier. Es verhofft in aller Regel noch einmal kurz am Waldrand, um sich davon zu überzeugen, dass alle Gruppenmitglieder sicher im Wald untergetaucht sind. Wenn die Schweine aus dem Wald hinaus in die Felder ziehen, ist es übrigens genau andersherum. Dann sieht man häufig als Erstes die Leitbache minutenlang abwartend an der Wald-Feld-Grenze. Sie sichert dort, versucht verdächtige Gerüche zu erfassen und Geräusche einzuordnen. Erst wenn die Luft rein zu sein scheint, leitet sie die Rotte aus dem schützenden Waldschatten heraus. Sobald die Schweine sich einmal ihrer Nahrungssuche widmen, lässt ihre Vorsicht etwas nach. Randnotiz: Männliche Wildschweine spielen bei der Führung der Sozialverbände keine Rolle.

Ich versuche, die Größenverhältnisse der vor mir umherlaufenden Wildschweine zu erkennen – eines der kleineren Tiere will ich erwischen. Die Waffe hatte ich schon am Auto geladen. Das Geräusch von Metall auf Metall, wenn der Verschluss die Patrone aus dem Magazin in das Patronenlager schiebt, hätte sonst die Schweine vertrieben. Jetzt schalte ich den roten Leuchtpunkt meines Zielfernrohres ein.

Ganz ehrlich, denke ich, warum macht man so was freiwillig? Mitten in der Nacht, bei klirrender Kälte, in Socken(!), bewaffnet vor einer Gruppe wilder Tiere zu stehen, das ist schon … besonders. Aber in diesem Moment reizt es mich, Beute zu machen.

Möglichst langsam und geräuschlos gehe ich mit der Waffe in den Anschlag und lege sie auf den Zielstock, den ich bisher umständlich mit mir getragen habe. Dieser hilft mir, einen präzisen Schuss abzugeben. Ich schaue durch das Zielfernrohr. Im ersten Moment fehlt mir durch dessen eingeschränktes

Sichtfeld jegliche Orientierung. Es dauert einige Minuten, bis ich wieder einen Überblick habe und mir ein passendes Schwein aussuchen kann: ein junges Tier, das etwa zehn Meter entfernt von seinen Artgenossen relativ isoliert im Feld wühlt. So besteht keine Gefahr, dass die Kugel ungewollt auch eines der anderen Wildschweine verletzt.

Der rote Leuchtpunkt in der Mitte des Fadenkreuzes ruht auf dem schwarzen Wildkörper. Ich versuche, langsam und tief zu atmen. Mein rechter Zeigefinger liegt locker auf dem Abzug der Waffe – aber ich kann nicht schießen. Das Tier will sich einfach nicht »breit« stellen, das heißt so, dass es im Profil zu meinem Blickwinkel steht. Nur so kann ich es im tödlichen Bereich direkt hinter dem Schulterblatt treffen.

Nach einer gefühlten Ewigkeit dreht sich das Schwein endlich um ein paar Grad, und ich drücke ab.

Um mich herum herrscht plötzlich ohrenbetäubender Lärm, als der gesamte Rest der Rotte panisch an mir vorbei in den Wald flüchtet. Ein heftiger Kontrast zu der krassen Stille der letzten anderthalb Stunden. Durch den Schuss bin ich vom Mündungsfeuer geblendet und kann dadurch nicht erkennen, ob das beschossene Tier an Ort und Stelle zu Boden gegangen ist. Es könnte auch mit den anderen Schweinen zusammen in den Wald geflüchtet sein. Fluchtstrecken von bis zu 100 Metern kommen auch bei guten Treffern vor. Vielleicht habe ich auch vorbeigeschossen? Meine Anspannung ist nach wie vor groß. Sollte das Schwein noch bis in den Wald gelangt sein, könnte ich kaum hinterhergehen und es suchen – das wäre jetzt, alleine im Dunkeln, zu gefährlich.

Nach einer kurzen Wartezeit befestige ich die Kopflampe, lade zur Sicherheit die Waffe wieder nach und bewege mich langsam in Richtung der Stelle, an der ich den toten Wildkörper vermute. Dort finde ich – nichts! Mir sackt das Herz in die Hose.

Tagsüber wäre alles so einfach. Ich könnte das ganze Feld überblicken. Dummerweise hält sich zu dieser Zeit im wahrsten Sinne des Wortes kein Schwein in der offenen Landschaft auf. Jetzt bleibt mir nur der Lichtkegel meiner Kopflampe. Langsam leuchte ich den Boden um meinen Standpunkt ab.

Und dann entdecke ich es: Blut! Oder wie der Jäger sagt: Schweiß. Tatsächlich kann ich anhand der Farbe und Konsistenz des Blutes darauf schließen, wo ich getroffen habe. Dieses hier ist hellrot und blasig. Das deutet auf sauerstoffhaltiges Blut aus der Lunge hin. Der Schuss muss gut gewesen sein, das Schwein in wenigen Metern Entfernung verendet sein. Auf dem dunklen Ackerboden ist es zwar nicht einfach, dennoch finde ich nach einigem Suchen eine Blutspur, die ich verfolgen kann. Nach wenigen Metern entdecke ich das tote Wildschwein.

Ich bin erleichtert – und freue mich auf mein Bett.

PASSENDE BEGLEITUNG: GETRÄNKE

»Zu Wild gehört ein kräftiger Rotwein!« hören wir oft. Wir finden: JA, ein guter Rotwein passt häufig – es gibt aber auch hervorragende Alternativen. Klar, zum deftigen Weihnachtsbraten, wenn es draußen kalt und dunkel ist und das Holz im Kamin brennt, dann greifen auch wir gerne zum Rotwein. Für den Grillabend an einem warmen Sommertag eignet sich unserer Meinung nach allerdings auch ein spritziges Bier oder der eisgekühlte Weißwein. Unsere Empfehlungen findet ihr hier.

Bier

Zu den in diesem Buch aufgeführten Grillgerichten eignen sich auch ausgefallene Biere. Zu den Burgern empfehlen wir euch ein fruchtiges India Pale Ale. Mit seinen komplexen Aromen ist es ein idealer Begleiter auch zu ausgefallenen Burger-Gerichten und geht bei den vielfältigen Geschmacksrichtungen nicht unter. Die Frucht- und leichten Bitteraromen bereichern jede Burger-Kombination und sind gerade im Sommer bei heißen Temperaturen leicht und erfrischend. Am besten eiskalt genießen. Passt auch wunderbar zu Fisch.

Unser IPA kaufen wir am liebsten bei einer lokalen Craftbeer-Brauerei in der Vulkaneifel. Auch in eurer Nähe gibt es sicher einige lokale Bier-Manufakturen. Es lohnt sich, vom klassischen Supermarktsortiment wegzugehen und sich mit den kleinen Brauereien auseinanderzusetzen!

Zu schwereren Wildgerichten servieren wir gerne kräftigere Biere, beispielsweise ein klassisches Kellerbier oder dunkle, malzige Biere. Vor allem aus den historischen belgischen Brauereien kommen einige kräftige süßliche Biere, die zu den reichhaltigeren Gerichten in diesem Buch eine angemessene Begleitung sind. Auch wenn ihr Schärfe liebt, sind diese Biere ein äußerst passender, harmonischer Gegenpart.

Wir lieben zum Beispiel die belgischen Abteibiere, die mit sehr fülligem, leicht süßlich-malzigem Geschmack und Aromen von Honig und Karamell daherkommen.

Auch in der internationalen Bierszene finden sich einige Perlen. Wusstet ihr zum Beispiel, dass sich in Estland eine extrem coole Craftbeer-Szene entwickelt hat, aus der bereits einige außergewöhnliche und international erfolgreiche Biermanufakturen hervorgegangen sind?
Wir haben uns mit den Jungs einer jungen Craftbeer-Brauerei aus Tallinn ausgetauscht und geben euch hier die exklusive Bierempfehlung der Braumeister weiter:

> An **Imperial Baltic Porter** would be pretty much perfect for venison meat, especially in the special barrel aged version – big cognac, oak, and red fruits, not too sweet but with a nice hint of juicy acidity to it. Plus it shows just how well beer can replace wine in terms of food pairing.
>
> An **Imperial Stout** would be a very fun pairing with its coffee and chocolate notes. For everyone who likes it a bit more basic, a nice, fruity **IPA** or **Gose Beer** would be great and allows the food to do some more of the talking.

Wein

Wie schon erwähnt: Ja, der kräftige Rotwein eignet sich auch zu wilden Grillgerichten. Vor allem zu den Rezepten aus dem Dutch Oven oder zum Surf & Turf mit Damwild- oder Hirschrücken eignet sich auch ein dunkler, schwerer Rotwein, den wir vor allem beim Wintergrillen gerne mal als Begleitung öffnen.

Der Wein von Chateau Clos Manou aus dem französischen Médoc ist unser Geheimtipp. In einer Kombination aus biologischem Anbau und volltechnisierter Trauben-Auslese entsteht dort letztendlich ein intensiver, komplexer Rotwein, den wir sehr gerne zu reichhaltigen Wildgerichten servieren.

An warmen Sommerabenden öffnen wir lieber einen leichten Rotwein, den man problemlos auch leicht gekühlt trinken kann. In unserer Region, dem Mittelrheintal, finden sich zum Beispiel tolle Spätburgunder an der Ahr. Aus dem Urlaub in Südtirol haben wir oft auch schon leichte St. Magdalener oder Vernatsch-Weine mitgebracht, die ebenfalls eine passende Begleitung zu vielen Wildgerichten vom Grill darstellen.

Tipp: Bei den Winzergenossenschaften an der Ahr findet ihr sehr gute Spätburgunder.

Hand aufs Herz: Am häufigsten trinken wir im Sommer einen kühlen Weißwein zum Grillen. Um dem Wildgeschmack einen passenden Begleiter an die Hand zu geben, wählen wir oft einen Wein mit komplexeren Aromen und etwas mehr Säure. Wir mögen zum Beispiel einen kräftigen, feinherben Riesling von der Mosel oder Saar. Unser absoluter Favorit zu Wild ist allerdings ein Gewürztraminer aus Südtirol. Die Rebsorte mag für viele neu oder zumindest ungewohnt sein, sie passt aber mit ihren ausgefallenen Aromen perfekt zu vielen wilden Grillgerichten.

TECHNIK: PINGUINGRILLEN

Nein, wir wollen hier keinen Pinguin grillen, sondern euch eine Methode vorstellen, mit der man bei Bedarf auch größere Mengen Grillgut zeitgleich zubereiten kann.

Das Thema stellt sich jedoch in der Regel nur dem Nutzer eines klassischen Holzkohlegrills, da hier keine einheitliche Hitze auf dem Grillrost garantiert werden kann. Bei einem guten Gasgrill sind gleichmäßige Temperaturen ja deutlich schneller und länger sicherzustellen.

Wenn also nicht nur die zwei besten Freunde zum Grillen erscheinen, sondern gleich die ganze Fußballmannschaft, dann hilft ein Vorbild aus der Natur.

Fast alle Pinguine vermehren sich in Brutgebieten, die auf dem Südpol liegen. Dort fallen die Temperaturen oft auf deutlich unter -40 °C. Um sich gegenseitig zu wärmen, stehen die Tiere dann in größeren Gruppen kreisrund zusammen, manchmal mehrere Tausend. Damit die außen stehenden Tiere nicht erfrieren, bewegt sich die gesamte Population spiralförmig im Kreis. Das hat zur Folge, dass die Außenstehenden Schritt für Schritt näher ins Zentrum kommen, während aufgewärmte Tiere sich nach außen an den Rand bewegen. Damit wird sichergestellt, dass alle Tiere gleichmäßig der Hitze und der Kälte ausgesetzt sind.

Auf dem Grill bedeutet das, dass man ein rollierendes Verfahren zwischen den außen liegenden und innen liegenden Fleischstücken umsetzen muss. Am besten funktioniert das Verfahren bei mittlerer Temperatur. Ein zu heißer Grill würde dazu führen, dass die in der Mitte liegenden Stücke schon deutliche Grillspuren haben, bevor sie an den Außenrand kommen. Also lieber den Rost etwas höher stellen und mit drei bis vier Wechselzyklen arbeiten.

Bei jedem Wenden der Fleischstücke wechselt das im Zentrum liegende Grillgut nach außen und die danach folgenden Fleischstücke ins Zentrum. Bei mittlerer Hitze muss das Fleisch drei bis maximal vier Mal gewendet werden, damit alles gleichzeitig fertig ist.

Klar, das Pinguinverfahren nimmt mehr Zeit in Anspruch und ist für denjenigen, der am Grill steht, deutlich anspruchsvoller. Es garantiert aber, dass die gesamte Fußballmannschaft zeitgleich verköstigt werden kann.

In der Königsklasse werden dann unterschiedliche Garpunkte in zwei Spiralen verarbeitet, zum Beispiel zeitgleich Wildschweinbratwurst und Kotelett.

FRAGEN AN DEN EXPERTEN VOM WILDZERLEGEBETRIEB

Wer bist du?
Mein Name ist Arthur Schäfer. Ich bin gelernter Fleischermeister. Mit »Artemis - Die Wildspezialisten« betreiben wir seit zwei Jahren einen modernen Wildzerlegebetrieb in der Nähe von Trier, in dem wir regionales Großwild - also Schwarzwild, Rehwild, Rotwild, Damwild und Muffelwild - verarbeiten.

Was treibt dich an?
Mein Antrieb ist es, ein hochwertiges, regionales Lebensmittel möglichst nachhaltig herzustellen. Nach dem Prinzip »Nose to Tail« verwerten wir bis zu 95 % des Tieres, obwohl die besonders begehrten Edel-Fleischteile vom Wild nur etwa 15 % des Gesamtgewichts ausmachen. Ein großer Vorteil ist unsere angeschlossene Tierfutterherstellung. Dort können wir einige sonst ungenutzte Teile des Wildkörpers weiterverarbeiten, sodass wir diese sehr hohe Verwertungsquote erreichen und beispielhaft nachhaltig produzieren.

Woher bezieht ihr euer Wild?
Wir beziehen unser Wild ausschließlich aus Deutschland, vorzugsweise möglichst nah um unseren Standort in Trier. Wir betreiben eine eigene Fahrzeugflotte, mit der wir das erlegte Wild direkt bei den Jägern abholen, sodass wir den gesamten Transport- und Verarbeitungsprozess kontrollieren können.

Wie ist deine Meinung zur Zukunft des Fleischkonsums?
Ich bin davon überzeugt, dass Verbraucher in Zukunft noch mehr Wert auf Nachhaltigkeit bei allen Lebensmitteln, auch beim Fleischkonsum, legen. Vermutlich wird der Fleischkonsum insgesamt zurückgehen, dafür werden aber hochwertigere und regionalere Produkte konsumiert. Wildfleisch ist genau dann eine tolle Alternative zu konventionellem Fleisch.

Könnte man aus deiner Sicht konventionellen Fleischkonsum vollständig durch Wildfleisch ersetzen?
Ein vollständiger Ersatz ist wahrscheinlich nicht möglich. Wildfleisch wird anders als konventionelles Fleisch eben nicht industriell produziert. Daher unterliegt die Verfügbarkeit saisonalen Schwankungen. Insgesamt ist auch die Menge des in Deutschland erlegten Wildes deutlich zu gering, um Schweine- und Rindfleisch vollständig zu ersetzen.

Kann Wildfleisch deiner Meinung nach ein fester Bestandteil der Ernährung werden?
Klar! Je mehr kommunikative Pionierarbeit wir gemeinsam leisten, desto eher wird Wildfleisch auch ganzjährig von den Verbrauchern als hochwertige Alternative wahrgenommen - wir sehen das in unserm Umfeld. Unser Ziel ist es, dass immer Wild gegessen wird, nicht nur einmal jährlich zum Weihnachtsfest als Braten mit Klößen und Rotkohl.

Was ist der größte Unterschied bei der Verarbeitung von Wild im Vergleich zur industriellen Fleischproduktion?
Gleich am Anfang gibt es einen ganz wesentlichen Unterschied: Jedes Wildtier, das bei uns ankommt, ist im Wald aufgewachsen und wurde dort auch erlegt. Wild wird nicht als Lebendtransport umhergefahren! Das finde ich sehr positiv, allerdings stellt es uns auch vor Herausforderungen, was die Verfügbarkeit angeht. Ich kann nirgendwo anrufen und ad hoc 100 Rehrücken für nächste Woche bestellen. Die Verfügbarkeit hängt letztendlich vom Jagderfolg der Jäger ab. Und auch dann gibt es erhebliche Schwankungen bei der Fleischmenge. Während Mastschweine in der Regel immer mit einem ähnlichen Gewicht geschlachtet werden, kann ich nicht vorhersehen, ob bei uns beispielsweise ein Wildschwein mit 20 Kilogramm oder 80 Kilogramm angeliefert wird.

Welchen Richtlinien unterliegt das Zerlegen von Wild?
Wild zerlegen und in den Handel bringen dürfen nur zertifizierte Unternehmen. Wir unterliegen sehr strengen Hygienevorschriften. Unsere gesamte Anlage wurde von der obersten Veterinärbehörde geprüft und abgenommen. Wir arbeiten ja wie gesagt mit dem Tier direkt aus dem Wald, das ist ein großer Unterschied zur Nutzvieh-Verarbeitung. Schon beim Wareneingang kontrollieren wir jedes Tier einzeln und entscheiden, ob und wann es in unsere Verarbeitung kommt. Wir messen beispielsweise den pH-Wert und die Temperatur und führen die vorgeschriebenen Fleischproben durch, selbst wenn diese schon vom Jäger durchgeführt wurden. Außerdem prüfen wir regelmäßig stichprobenartig die Keimbelastung des Fleisches. Wir haben uns dazu entschieden, uns an den Grenzwerten für die industrielle Schweine- und Rindfleischverarbeitung zu orientieren, obwohl es eigentlich für die Wildzerlegung keine gesetzlichen Grenzwerte gibt. So können wir eine sehr hohe Fleischqualität sicherstellen.

Welche Fleischteile werden aus einem Tier gewonnen?
Schulter und Hals eignen sich für Ragout, Knochen zur Herstellung von Fond. Rippchen, Keulen, die im Sommer zu Steak verarbeitet werden, werden im Winter als Braten verarbeitet. Dann natürlich Rücken und Filets. Plus das Verarbeitungsfleisch, das beim Zuschnitt der Edelteile anfällt und für die Herstellung von verarbeiteten Produkten (Salami, Bratwürste) verwendet werden kann.

Gibt es spezielle Reifeverfahren für Wild?
Durch den Verarbeitungsprozess reift das Fleisch in der Regel ein bis zwei Wochen, bis es vom Endverbraucher zubereitet wird, das ist ein angemessener Zeitraum. Da wir das Fleisch direkt nach der Zerlegung vakuumieren, reift es in der Regel nach dem Wet-Aging-Verfahren. Wild kann aber durchaus auch per Dry Aging gereift werden. Einige unserer Kunden haben damit sehr gute Erfahrungen gemacht. Ich persönlich finde trocken gereiftes Wildfleisch super.

Dein schönstes Jagderlebnis?
Letzten Sommer habe ich einen Rehbock im Getreidefeld angepirscht und erlegen können.

Dein Lieblings-BBQ-Rezept?
Wildschweinrippchen aus dem Smoker!

Was möchtest du uns noch mitgeben?
Unser heimisches Wildfleisch zeichnet sich durch eine sehr gute Ökobilanz aus und ist somit besonders nachhaltig. Wildfleisch aus der Region muss nicht um die halbe Welt reisen, sondern ist ein hochwertiges Produkt von »direkt vor der Haustür«. Deshalb möchte ich es jedem ans Herz legen.

DANK

LANDMANN
HOME OF FIRE

Für die überaus freundliche und großzügige Unterstützung unseres Fotoshootings geht ein herzliches Dankeschön an:

Landmann Germany GmbH

»Ob du neu in die Welt des Grillens einsteigst oder schon mit Feuer und Flamme dabei bist: Bei LANDMANN findest du dein Grill-Equipment und vieles mehr für gemütliche und gesellige Stunden mit Freuden und der Familie. Sei dir sicher: Mit unseren Produkten gelingen dir die besten Grillergebnisse im Handumdrehen. Denn wir schreiben eine unkomplizierte Anwendung ebenso groß wie eine gute Verarbeitung mit hochwertigen Materialien. Tugenden, die du übrigens auch bei den weiteren Artikeln aus unserem Sortiment findest. Apropos Sortiment: Wir möchten dir die Auswahl so einfach wie möglich machen. Unser Grillfinder zeigt dir, welche Modelle zu deinen Ansprüchen passen.«

https://landmann.de

Alle Gerichte in diesem Buch wurden mit Landmann-Equipment zubereitet.

LANDMANN
LANDMANN
Triton maxX

Wir sind Jan, Ragnar und Thomas. Wir sind die Köpfe hinter grillen-mit-wild.de. Mit diesem Projekt haben wir uns bewusst für die Vermarktung von regionalem Wildbret entschieden. Wir glauben, dass Wildfleisch die nachhaltigere und gesündere Alternative zu Grillfleisch aus der Massentierhaltung ist: Für unsere Produkte werden keine Tiere extra aufgezogen! Wir lassen Tiere streng nach EU-Vorgaben entnehmen und für dich veredeln. Wildbret ist ein ganz und gar natürliches Produkt auch aus deiner Region.
Wir wollen dir Wildfleisch, dessen Zubereitung auf dem Grill und die passenden Begleiter näherbringen. Gemeinsam mit dir und unserer tollen BBQ-Community werden wir neue Spezialitäten, Rezepte und Zubereitungsarten explorieren. Getreu unserem Slogan: »Dein Grill will's wild!«
www.grillen-mit-wild.de

ÜBER DAS FOTOTEAM

Unser Fotostudio »Photoart« gilt seit vielen Jahren als eine der ersten Adressen für anspruchsvolle, zeitgemäße Foodfotografie mit unverwechselbarer Handschrift. Wir setzen Lebensmittel »zum Anbeißen« in Szene und inszenieren Gerichte und Menüs mit »Unwiderstehlichkeits-Garantie«.
https://photoart.ag

REGISTER

IMPRESSUM

Verantwortlich: Sonya Mayer
Alle Texte und Rezepte: Jan van Bebber, Ragnar Riesenkampff, Thomas Spinnen
Fotografie: photoart Food- und Werbefotografie
Redaktion: Carmen Söntgerath
Umschlaggestaltung: Regina Degenkolbe
Layout: Helen Garner
Repro: LUDWIG:media
Korrektorat: Judith Bingel
Herstellung: Bettina Schippel

Printed in Slovenia by DZS Grafik

★★★★★

Sind Sie mit diesem Titel zufrieden? Dann würden wir uns über Ihre Weiterempfehlung freuen. Erzählen Sie es im Freundeskreis, berichten Sie Ihrem Buchhändler oder bewerten Sie bei Onlinekauf. Und wenn Sie Kritik, Korrekturen, Aktualisierungen haben, freuen wir uns über Ihre Nachricht an: Christian Verlag, Postfach 40 02 09, D-80702 München, oder per E-Mail an lektorat@verlagshaus.de

Unser komplettes Programm finden Sie unter: www.christian-verlag.de

Bildnachweis
Alle Bilder in diesem Buch stammen von Photoart, mit Ausnahme von: Seite 10: Shutterstock / JGA; Seite 13: . Shutterstock / ANTONIO TRUZZI; Seite 27: Shutterstock / J.M.Abarca; Seite 143: Shutterstock / Delbars; Seite 160: Shutterstock / Maria Raz; Seite 169: Shutterstock / Lukas Gojda; Seite 186: Shutterstock / Mircea Costina; Seite 203: Artemis; Seite 204: Ingolf Hatz; Seite 214: Shutterstock / Katoosha.

Alle Angaben dieses Werkes wurden von den Autoren sorgfältig recherchiert und auf den neuesten Stand gebracht sowie vom Verlag geprüft. Für die Richtigkeit der Angaben kann jedoch keine Haftung übernommen werden, weshalb die Nutzung auf eigene Gefahr erfolgt. Sollte dieses Werk Links auf Webseiten Dritter enthalten, so machen wir uns die Inhalte nicht zu eigen und übernehmen für die Inhalte keine Haftung.
In diesem Buch wird aus Gründen der besseren Lesbarkeit das generische Maskulinum verwendet. Weibliche und anderweitige Geschlechteridentitäten werden dabei ausdrücklich mitgemeint, soweit es für die Aussage erforderlich ist.

Die Deutsche Nationalbibliothek verzeichnet diese Publikation in der Deutschen Nationalbibliografie; detaillierte bibliografische Daten sind im Internet über http://dnb.de abrufbar.

ISBN 978-3-95961-669-0

Ebenfalls erhältlich ...

ISBN 978-3-95961-483-2

Der Profikoch Johannes Siemes – selbst Jäger – zeigt, wie man Reh, Hirsch, Wildschwein, Hase und Fasan perfekt zubereitet.